첨단과학 LIVE 과학

⑥ 게임 소프트웨어

LIVE 과학

글 / 임창호
어린이들에게 재미와 유익함을 주는 이야기를 만들기 위해 노력하고 있습니다. 대표작으로는 〈빈대 가족의 절약 영재 발굴단〉, 〈두근두근 무인도 서바이벌〉 등이 있으며, 〈귀신이 들려주는 세계 공포 괴담〉, 〈마법천자문 사회 원정대〉, 〈원더풀 사이언스〉 시리즈에 참여하였습니다.

그림 / 김기수
어린이들이 흥미롭고 즐겁게 배우며 꿈을 키울 수 있는 만화를 그리고 있습니다. 〈마법천자문 부수마법편〉, 〈마법천자문 영문법 원정대〉, 〈LIVE 한국사〉, 〈LIVE 과학〉 시리즈에 참여하였고, 〈SCIENCE UP! 지진과 화산〉 등의 도서를 출간했습니다.

학습 구성 및 감수 / 함성진
한국교원대학교 대학원에서 초등 컴퓨터 교육 박사 과정을 수료했으며, 지금은 원봉초등학교에서 학생들을 가르치고 있습니다. 대표작으로는 〈코딩몬스터: 엔트리, 햄스터와 함께하는 두근두근 창의력 여행〉 등이 있습니다.

LIVE 과학 첨단과학 006 게임 소프트웨어

발행일: 2018년 4월 1일 초판 / 2024년 1월 2일 2쇄
발행처: (주)천재교육
기획편집: 박세경 / **책임편집**: 이은녕, 이유미
글: 임창호 / **그림**: 김기수 / **학습 구성 및 감수**: 함성진
표지 사진 제공: 셔터스톡
본문 사진 제공: 셔터스톡, 위키피디아, 연합뉴스, 윤익이미지
신고번호: 제2001-000018호(1980.5.28)
팩스: 02-3282-1717 / **고객만족센터**: 1577-0902
주소: 08513 서울특별시 금천구 가산로 9길 54 / **홈페이지**: www.chunjae.co.kr

ISBN 979-11-259-7785-8 74400
ISBN 979-11-259-7779-7 74400(세트)

이 책은 저작권법에 보호받는 저작물이므로 무단 복제, 전송은 법으로 금지되어 있습니다.

추천의 글

새 과학 교육 과정의 핵심 키워드는 바로 **창의와 융합**입니다. 이제 과학 교육은 이론과 실험에 치중했던 기존 방향에서 타 과목과 연계하여 사고하고 또 새로운 아이디어를 창조하는 방향으로 변화하고 있습니다. 〈라이브 과학〉은 이러한 교육 경향에 발맞춰 기획된 학습 만화로, 한정된 분야의 지식이 아닌 **주제와 관련된 광범위한 지식의 확장을 추구하는 만화**입니다.

주인공 아라와 누리는 외계의 로봇입니다. 이들은 지구와 인간에 대해 배우러 왔다가 우연히 지구의 네트워크를 무너뜨리려는 악당과 싸우게 됩니다. 지구의 모든 것이 마냥 신기한 외계 로봇의 시선을 통해 과학 전 분야에 걸친 지식을 습득하고, 과학의 다양한 문제를 새롭게 바라보며 함께 생각할 수 있습니다.

4차 산업 혁명이 시작되는 과학의 전환기, 그 미래의 시작을 〈라이브 과학〉과 함께하시길 바랍니다.

서울교대 과학교육과 교수, 물리교육학 박사
전영석

우리는 그 어느 시기보다 빠른 변화로 인해 날마다 새로워지는 4차 산업 혁명의 시대에 살고 있습니다. 사물과 사물, 인간과 사물 등 모든 것이 연결되는 사회, 인공 지능과 로봇이 공존하는 생활이 펼쳐질 것입니다. 오늘날 최첨단의 과학 기술은 이로운 만큼 한편으로는 해킹과 바이러스 등에 공격당할 위험 요소를 가지고 있습니다. 하지만 우리가 첨단 과학이 가진 장단점을 잘 알고 대비한다면 미래가 그저 두렵기만 하지는 않을 것입니다. **과학 기술은 항상 인간의 행복을 위하여 발전해야 합니다.**

〈라이브 과학〉은 변화된 새 교육 과정에 맞춰 첨단 과학·융합 과학·통합 과학을 강조하는 전문성 있는 커리큘럼으로 구성되어 있습니다. 그중 **최신 과학 주제를 적절히 골라내어 아이들 눈높이에 맞게 잘 녹여 냈습니다.** 또한 **과학으로 미래를 준비하는 꿈나무들의 훌륭한 밑거름**이 될 지식을 잘 버무려 담았습니다. 모든 아이들이 기초부터 차근차근, 깔깔 웃으며 배우길 소망합니다.

전주교대 컴퓨터교육과 교수, 전자계산학(인공 지능 분야) 박사
유정수

이 책의 특징

1. 과학 원리 이해!

어렵고 복잡하기만 했던 과학 원리를 만화로 재미있게 익힐 수 있습니다.

첨단 과학, IT 등 최신 과학 이슈가 가득!

> 전기가 통과하는 길인 기판을 만들고 그 위에 컴퓨터 부품을 잔뜩 심어서 집적 회로를 만들었어.
>
> 우아, 엄청 작네?
>
> 작은 게 강하구나!

2. 핵심 내용이 한눈에, 인포그래픽!

과학 핵심 정보가 시각화되어 있어 정보를 빠르고 쉽게 이해할 수 있습니다.

인공 지능은 어떻게 발전해 왔을까?

3. 사고력을 키우는 통합 과학!

수학, 역사, 음악, 미술 등 다양한 과목과 연계된 공통의 주제를 통해 지식의 폭을 넓힙니다.

공장이 거대 컴퓨터로 변하는 스마트 팩토리

스마트 팩토리는 공장 안의 모든 장비가 센서와 무선 통신으로 연결된 첨단 공장입니다. 이곳에서는 프로그래밍이 된 기계가 물건의 생산 개수와 종류를 자동으로 계산합니다. 또 기계 고장과 불량품도 즉시 골라냅니다.

스마트 팩토리를 가장 먼저 만든 기업은 미국의 제너럴 일렉트릭입니다.

▲ 제너럴 일렉트릭의 스마트 팩토리

> 제너럴 일렉트릭은 에디슨이 세운 전기 조명 회사로부터 발전해 세계적인 기업이 되었어!

3D 애니메이션

2D 애니메이션

4. 다양한 주제의 멀티미디어!
라이브 과학 애플리케이션을 이용하여 3D·2D 애니메이션, 과학 동영상 등을 만화와 함께 즐길 수 있습니다.

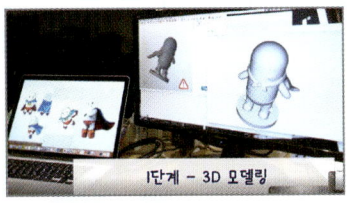
과학 동영상

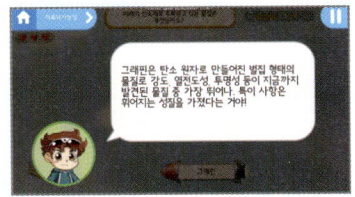
모바일 과학 게임

5. 모바일 과학 게임!
만화로 얻은 지식을 재미있는 과학 게임으로 확인할 수 있습니다.

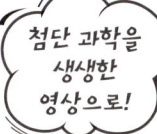
첨단 과학을 생생한 영상으로!

각 권마다 5편의 영상이 담겨 있어.

모바일 게임 다운로드는 184쪽에서!

멀티미디어 이용 방법

★ 앱으로 라이브 영상을 감상하려면?

① QR코드를 통해 앱 설치 페이지로 이동하여 〈라이브 과학〉 앱 다운로드!

② 앱에서 각 권의 콘텐츠를 담은 뒤 버튼을 눌러서 카메라를 실행합니다.

③ 만화 속 '라이브 영상' 코너에서 카메라 마크가 있는 칸 전체를 비추면 해당 주제의 멀티미디어 재생!

다운로드 페이지로, GO!

이 마크가 있는 칸을 향해 찰칵~ 찍기만 하면 애니메이션이 짠!

차례

- 멀티미디어 이용 방법 ·· 5
- 지난 이야기 ·· 8

1장 컴퓨터 게임은 왜 만들어졌을까? ·· 10

2장 온라인 게임은 어떻게 발달했을까? ······································ 50

3장 게임 개발은 어떻게 할까? ·· 84

4장 가상 현실 게임은 어떻게 작동할까? ·································· 124

5장 증강 현실 게임이란 무엇일까? ·· 154

- 라이브 영상 ··· 33, 99, 102, 129, 160
- 인포그래픽 핵심 과학 ·· 46, 80, 120, 150, 180
- 플러스 통합 과학 ·· 48, 82, 122, 152, 182
- 도전! 과학 퀴즈 / 모바일 과학 게임 ·· 184
- 정답과 해설 ·· 196

만화 하단의 ★표시는 과학 관련 어휘, ▶표시는 일반 어휘로 구분하였습니다.

등장인물 소개

빅토피아

"난 지구의 문명을 복제한 별이야."

지구의 문명을 그대로 복제한 별. 지구의 자연, 동식물, 과학 기술 등을 고스란히 재현해 놓았으나 아직까지 유일하게 인간만은 복제하지 못했다. 호기심 많은 외계인 빅터들이 살고 있다.

과학자 빅터들

"빅토피아의 운명은 너희에게 달렸어!"

빅토피아에 살고 있는 외계인 과학자들이다. 빅토피아에 전해졌던 지구의 데이터가 몽땅 사라지자 아라와 누리를 지구로 보내 빅토피아 살리기에 나선다.

아라

"천하무적 아라 님이 나가신다!"

빅토피아에서 개발한 인공 지능 여자 로봇이며, 머리보다는 주먹이 먼저 앞서는 성격이다.

누리

"빅토피아를 위해서라면 무엇이든 해낸다!"

빅토피아에서 개발한 인공 지능 남자 로봇으로, 똑똑하고 신중한 성격이다.

조이

"게임왕 조이라고 불러 줘~!"

빅토피아의 정보 수집 로봇. 게임을 좋아해 게임 속으로 들어갈 수 있는 USB를 만들었다.

미니 빅터

"내가 춤을 추면 빅토피아로 데이터가 전송돼!"

빅토피아의 중앙 컴퓨터에 데이터를 직접 전송할 수 있는 인공 지능 USB이다.

1장 ★컴퓨터 게임은 왜 만들어졌을까?

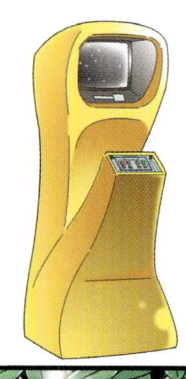

★**컴퓨터 게임** : computer game. 컴퓨터의 그래픽 기능과 음악 등을 이용하여 화면 위에 움직이는 그림으로 하는 오락용 게임. 아케이드 게임부터 모바일 게임까지 여러 종류가 있다.

▶ 차례 : 순서에 따라 각각에게 돌아오는 기회.
▶ 복수하다 : 자기가 당한 만큼 되돌려 주다.

12
▶ 주인공 : 어떤 일에 중심이 되는 인물.
▶ 머지않다 : 시간적으로 멀지 않다.

▶ 용건 : 해야 할 일.
▶ 강시 : 팔과 다리를 곧게 편 채로 움직이는 것이 특징인 중국 귀신.

★[15쪽] 데이터 : data. 관찰이나 조사로 얻은 사실이나 정보. 또는 컴퓨터가 처리할 수 있는 문자, 소리 등의 형태로 된 정보.

▶ 기능 : 기계 등이 어떤 일을 해내는 능력.
▶ 넘나들다 : 이곳저곳을 왔다 갔다 하다.

▶ **묵히다** : 일정한 때가 지나 오래된 상태가 되다.
▶ **타이밍** : timing. 특정한 시기.

▶ 안정화되다 : 평안한 상태를 유지하게 되다.
▶ 수집하다 : 취미나 연구를 위해 열심히 모으다.

▶ **검색** : 책이나 컴퓨터에서 필요한 자료들을 찾아냄.
▶ **[19쪽] 골대** : 축구나 핸드볼, 럭비 등의 구기 경기에 쓰는 골문의 양쪽 기둥.

▶ 드리블 : dribble. 축구나 농구 등의 구기 경기에서 공을 몰아가는 일.
▶ 초강력 : 매우 강력함.

▶ 골인 : goal in. 골문에 공이 들어가 득점하는 것.
▶ 자살골 : 축구 등의 경기에서 실수로 자기편 골문에 공을 잘못 넣은 것.

▶ [20쪽] 패스하다 : 구기 종목에서 같은 편끼리 서로 공을 주고받다.
▶ 혼쭐내다 : 몹시 꾸짖거나 벌을 주다.

▶ **스포츠** : sports. 일정한 규칙에 따라 승부를 겨루는 신체 운동 경기의 총칭.
▶ **이해** : 깨달아 앎. 또는 잘 알아서 받아들임.

▶ 신세계 : 새로운 세계.
▶ 게임 센터 : 오락에 필요한 시설이 준비되어 있는 업소.

▶ 자동 : 기계나 장치 등 사람이 일일이 조작하지 않아도 일정한 방식에 따라 스스로 움직임.
▶ 버튼 : button. 전기 장치에 전류를 끊거나 이어 주거나 하며 기기를 조작하는 장치.

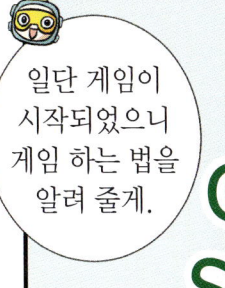

▶ **조이스틱** : joystick. 화면상의 움직이는 물체를 원하는 방향으로 이동하는 데 쓰는 지팡이 모양의 입력 장치.

▶ **격투** : 서로 맞붙어 치고받고 싸우는 것.
▶ **[27쪽] 비트** : beat. 음악에서 박자를 이르는 말.

▶ 조명 : 빛을 발생시키는 장치.
▶ 알람 표시 : 사용자에게 어떠한 사실을 알려 주기 위해 나타내는 정보.

▶ 가망 : 될 만하거나 가능성이 있는 희망.
▶ 티격태격하다 : 서로 뜻이 맞지 않아 이러쿵저러쿵 시비를 따지며 가리다.

▶ 장애물 : 가로막아서 거치적거리게 하는 사물.
▶ 적 : 서로 싸우거나 해치고자 하는 상대.

▶ **저장하다** : 물건 등을 모아서 보관하다.
▶ **처리하다** : 사건 등을 마무리 짓다.

▶ 고장 : 기계 등이 제대로 작동하지 못하게 된 상태.
▶ 생전 : 일전에 경험한 적이 없음을 나타내는 말.

▶ [33쪽] 스페이스워 : spacewar. 세계 최초의 컴퓨터 게임으로 알려져 있으며, 우주 공간에서 미사일로 상대를 격추하는 게임이다.

라이브 영상 최초의 컴퓨터 게임

1962년 탄생한 최초의 컴퓨터 게임 〈스페이스워〉는 PDP-10이라는 컴퓨터의 성능을 알아보기 위한 ★데모용 게임이었다. 그 이전에도 〈테니스 포 투〉 등의 컴퓨터 게임이 있었으나, 〈스페이스워〉를 최초의 컴퓨터 게임으로 보고 있다. 왜냐하면 〈스페이스워〉는 이미 만들어진 컴퓨터에 프로그램을 넣은 최초의 게임이었기 때문이다. 〈스페이스워〉는 1971년 최초의 ★아케이드 게임인 〈컴퓨터스페이스〉로 재탄생하였다.

★데모 : demo. 프로그램이나 하드웨어의 성능을 보여 주기 위한 시범.
★아케이드 게임 : arcade game. 게임과 게임기가 하나인 게임. 주로 오락실에 있는 게임이다.

▶**신용 카드** : 고객이 상품이나 서비스를 먼저 받고 나중에 그 값을 자동적으로 갚게 하는 신용 거래에서 이용되는 카드.

★[34쪽] 지구 : 인류가 살고 있는 행성.
▶[34쪽] 저축하다 : 절약하여 모아 두다.

▶ 방심하다 : 마음을 편히 가지다.
★ 블랙홀 : black hole. 중력이 너무 커서 한 번 들어가면 어떤 것도 빠져 나오지 못하는 천체.

▶ **갑옷** : 예전에 싸움터에서 군사들이 창, 칼 등으로부터 몸을 보호하기 위해 입는 옷. 쇠붙이나 가죽 등으로 만들었다.

★**비디오 게임** : video game. 컴퓨터나 비디오 게임용 기기와 게임용 소프트웨어를 이용하여 텔레비전이나 모니터의 화면에서 하는 게임.

★**롬 카트리지** : ROM cartridge. 컴퓨터용 저장 장치로, 그 안에 게임이나 음악 등을 저장하는 데 사용함.

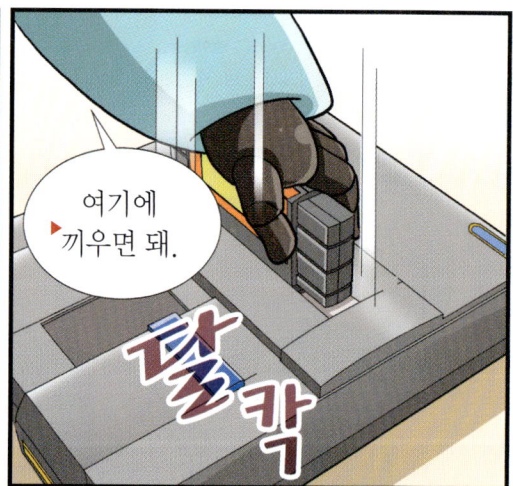

▶ 끼우다 : 꿰거나 꽂아서 걸려 있게 하다.
▶ 으스스하다 : 크게 소름이 돋는 느낌이 나다.

▶ 텔레포트 : teleport. 물체 등을 어딘가에 이동시키는 것.
▶ 담력 : 겁이 없고 용감한 기운.

42 ▶무사 : 부예를 익혀 그 방면에 힘쓰는 사람.
★전기 에너지 : 전기가 가지고 있는 에너지. 전기 제품들을 작동시킬 수 있다.

▶ [42쪽] 충전 : 전기 에너지를 모아서 쌓는 일.
★ 볼트 : volt. 전압의 단위를 나타내는 말.

▶ **차원** : 사물을 바라보거나 생각하는 입장.
▶ [45쪽] **기기** : 기계나 기구 등을 통틀어 이르는 말.

게임은 시대별로 어떻게 발전했을까?

〈스페이스워〉의 개발은 많은 사람의 관심을 불러일으켰다. 이들의 관심은 1970~80년대로 이어져 '게임의 황금기'라 불릴 만큼 게임이 발달하였는데, 이때는 주로 아케이드 게임과 비디오 게임이 유행하였다. 1990년대 후반에는 컴퓨터가 가정에도 보급되기 시작하면서 온라인 게임이 발전하였고, 2000년대부터는 휴대폰이 대중화되면서 모바일 게임이 발달하였다.
기술적 측면에서는 초기 단순한 ★그래픽에서 시작해 오늘날 실재와 가까운 그래픽을 보여 줄 정도로 발전하였다.

★그래픽: graphic. 컴퓨터 영상에 그림 등을 사용해 정보를 표현하는 방법.
▶실재: 실제로 존재함.

인포그래픽 핵심 과학

게임의 역사

1960년대~1970년대
아케이드 게임의 시작

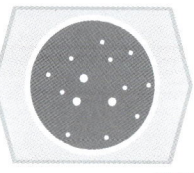

1962년
최초의 컴퓨터 게임
〈스페이스워〉

1971년
최초의 아케이드 게임
〈컴퓨터스페이스〉

1972년
최초의 상업용 게임
〈퐁〉

1970년대 초~1980년대 초
아케이드 게임과 비디오 게임의 황금기

1972년
최초의 비디오 게임기
〈마그나복스 오디세이〉

1981년
스토리텔링이 더해진
첫 게임 〈동키콩〉

전용 게임기를 텔레비전이나 모니터에 연결시켜 하는 게임을 비디오 게임이라고 해.

1983년
아케이드 게임 〈동키콩〉이
비디오 게임으로 출시

플러스 통합 과학

역사로 정보통신 읽기: 컴퓨터에 관한 인식을 바꿔 놓은 게임 〈테니스 포 투〉

미국의 물리학자 윌리엄 히긴보덤(1910~1994년) 박사는 대중에게 컴퓨터가 얼마나 유용하고 흥미로운 것인지 알리고 싶었어요. 그래서 만들어 낸 것이 바로 〈테니스 포 투(tennis for two)〉라는 **컴퓨터 게임**이었지요.

1958년에 개발된 〈테니스 포 투〉는 ★아날로그를 기반으로 한 ★오실로스코프에 다이얼과 버튼으로 이루어진 간이 컨트롤러를 연결해 즐기는 게임이었어요.

▲〈테니스 포 투〉

이 게임은 히긴보덤 박사의 연구소를 방문하는 사람들에게만 공개되었기 때문에 세상에 널리 알려지지는 않았지만, **핵무기 개발에 쓰이던 컴퓨터가 사람들의 즐거움을 위해 사용할 수 있다는 것을 보여 주었다는** 데 큰 의의가 있어요.

▲〈테니스 포 투〉가 개발되었던 미국의 브룩헤븐 국립 연구소 내부

> 윌리엄 히긴보덤은 〈테니스 포 투〉가 상업적으로 변할 것을 우려해 특허를 등록하지 않았대!

★**아날로그**: 어떤 수치를 길이, 각도, 전류처럼 연속된 물리적 성질이나 상태로 나타내는 일.
★**오실로스코프**: 전류나 전압의 변화를 시각적으로 기록해 보여 주는 장치.

산업으로 정보통신 읽기 — 우리나라에서 컴퓨터 게임은 언제부터 발달했을까?

1980년대 후반, 우리나라는 정보화 사회로 발돋움하기 위해 정부의 주도 아래 컴퓨터 보급 정책을 시행했어요. 이에 따라 공공 기관은 물론, 컴퓨터를 보유한 가정이 급속히 늘어났지요.

이 정책은 게임 산업에 큰 영향을 미쳤어요. 전자오락실을 중심으로 발전하던 게임 산업이 PC 게임으로 돌아서는 전환점을 마련해 주었기 때문입니다. 특히 컴퓨터 주변 기기를 자유롭게 선택할 수 있는 IBM PC(Personal Computer, 개인용 컴퓨터)가 출시되면서 게임 개발은 큰 발전을 이룰 수 있었어요. 그래픽 카드나 사운드 카드 등 게임 개발에 필수적인 PC 전용 하드웨어가 보다 저렴하게 보급되면서 PC 게임 환경이 급속히 정비되었던 것이지요. 이를 바탕으로 1992년에는 우리나라 최초의 PC 게임 〈폭스 레인저〉가 탄생할 수 있었습니다.

▲PC 게임이 활성화되기 전 사람들은 전자오락실에서 아케이드 게임을 즐겼다.

PC 게임은 게임 소프트웨어가 담긴 CD 등을 컴퓨터에 넣고 즐기는 게임이야.

▲1980년대 IBM PC 내부를 공개하자, 여러 컴퓨터 제조사에서 IBM PC와 호환되는 컴퓨터를 대량 생산했다.

▲그래픽 카드는 모니터 화면에 영상을 보여 주는 핵심 부품이다. 그래픽 성능이 높을수록 실행 속도가 빠르다.

2장 온라인 게임은 어떻게 발달했을까?

★ **컴퓨터** : computer. 전자 회로를 이용해 다양한 종류의 데이터를 처리하는 기기.
▶ **경험치** : 게임에서 임무를 완수하거나, 적을 극복한 데에 대한 보상.

▶ [50쪽] PC방 : 인터넷에서 정보를 검색하거나 혼자 또는 여럿이 게임을 즐길 수 있도록 많은 컴퓨터가 있는 장소.

톡톡 과학 한국은 언제 인터넷을 구축했을까?

우리나라는 1982년 서울대학교와 구미전자기술연구소 간 컴퓨터 ★네트워크 연결에 성공하며 세계에서 두 번째로 인터넷 연결에 성공하였다.
1994년부터는 일반인도 인터넷망을 사용할 수 있게 되었고, 그로부터 4년 뒤 전국에 초고속 통신망이 보급되며 우리나라는 인터넷 강국이 되었다.

★인터넷 : internet. 전 세계의 컴퓨터가 서로 연결되어 정보를 교환할 수 있는 컴퓨터 통신망. 웹 페이지를 인터넷으로 연결하면 서로 갖가지 정보를 공유할 수 있음.

★[52쪽] 네트워크 : network. 여러 컴퓨터가 데이터를 주고받으면서 정보 처리를 하기 위한 통신망.

아까 봤던 게임들이랑 비슷한 게 많네?

응, 게임 내용이 비슷해서 그래.

게임은 기기에 따라 구분하기도 하지만, 게임 내용에 따라 분류하기도 해.

액션 게임
권투 등 다양한 격투를 통해 상대방과 겨루는 게임

롤 플레잉 게임
특정 역할을 맡아 주어진 목표를 수행하는 게임

스포츠 게임
야구, 축구 등의 인기 스포츠를 즐길 수 있는 게임

전략 시뮬레이션 게임
전투 상황에서 전략을 세워 상대방과 겨루는 게임

슈팅 게임
총이나 대포를 발사하여 목표를 맞추는 형태의 게임

▶ [55쪽] 몬스터 : monster. 괴물. 혹은 게임 안에서 캐릭터가 제거해야 할 대상을 지칭함.
▶ [55쪽] 던전 : dungeon. 게임에서 몬스터들이 모여 있는 장소.

★USB : Universal Serial Bus. 작은 이동식 기억 장치. 컴퓨터의 USB 단자에 연결만 하면 파일을 옮기거나 저장할 수 있음.

▶ **만능** : 모든 일에 다 능통하거나 모든 일을 할 수 있음.
▶ **심혈** : 마음과 힘을 아울러 이르는 말.

▶ [56쪽] 걸작 : 매우 훌륭한 작품.
▶ 시도 : 어떤 것을 이루어 보려고 계획하거나 행동함.

▶ **집중하다** : 한 가지 일에 모든 힘을 쏟아붓다.
▶ **[59쪽] 아이템** : item. 무기, 장신구 등 게임 진행을 돕는 물건.

▶ 패셔니스타 : fashionista. 뛰어난 패션 감각과 안목으로 대중의 유행을 이끄는 사람.
▶ 실시간 : 실제 흐르는 시간과 같은 시간.

▶ 모험 : 위험을 무릅쓰고 어떠한 일을 함.
▶ 파티원 : 게임에서 목표 달성을 위한 모임인 '파티'의 구성원.

▶[60쪽] 힐러 : healer. 게임에서 회복을 담당하는 캐릭터.
★로봇 : robot. 어떤 직업이나 조작을 자동적으로 해 나가는 기계 장치.

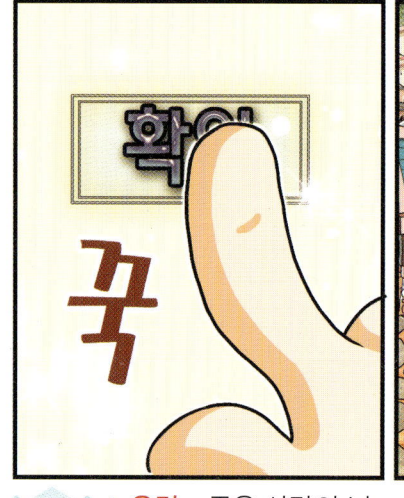

▶ 유령 : 죽은 사람의 넋.
▶ 알림 창 : 인터넷이 연결된 컴퓨터나 스마트폰 화면에서 사용자에게 필요한 정보를 보여 주는 창.

▶[62쪽] 부활하다 : 죽었다가 다시 살아나다.
▶파티 : party. 친목을 도모하거나 무엇을 기념하기 위한 잔치나 모임.

> **톡톡 과학** 게임 용어에는 무엇이 있을까?
>
> - HP : 게임 캐릭터의 체력을 뜻하는 용어이다.
> - MP : 캐릭터의 마법력으로, 스킬 사용 시 소비된다.
> - 퀘스트 : 플레이어가 수행해야 하는 임무나 행동이다.
> - 스킬 : 기술이라는 뜻으로, 캐릭터의 공격이나 방어 능력을 일시적으로 향상시킨다.

▶ 미션 : mission. 중요 임부.
▶ [65쪽] 궁수 : 활 쏘는 일을 맡은 사람.

▶ 전사 : 전투하는 사람.
▶ 마법사 : 마법을 부리는 사람.

▶ **수락** : 요구를 받아들임.
▶ **[67쪽] 닉네임** : nickname. 별명. 인터넷상에서 실명 대신 쓰임.

톡톡 과학 NPC는 무엇일까?

NPC(Non-Player Character)는 게임 안에서 플레이어가 직접 조종할 수 없는 캐릭터이다. 대부분의 NPC는 한 곳에 머물면서 게임의 원활한 진행을 위해 도우미 역할을 한다.

▶ 도우미 : 남에게 봉사하는 사람.
▶ 조종하다 : 다른 사람을 자기 마음대로 다루어 부리다.

▶ **분위기** : 주위를 둘러싸고 있는 상황이나 환경.
▶ **몰려오다** : 여럿이 떼를 지어 한쪽으로 밀려오다.

★서버 : server. 컴퓨터 네트워크에서 컴퓨터 간의 주된 정보의 제공이나 작업을 수행하는 컴퓨터 시스템.

톡톡 과학 — 게임 서버는 왜 필요할까?

온라인 게임은 인터넷에 연결된 다른 사용자들과 함께하는 게임이다. 이때 많은 사용자들이 동시에 게임에 참여할 수 있도록 기술적인 지원이 필요한데, 그것이 바로 '게임 서버'이다.
하지만 종종 서버에 문제가 발생해 플레이어들을 곤란하게 만드는 경우가 있다.

▶작동하다 : 기계 등이 작용을 받아 움직이다.
★다운 : down. 컴퓨터 시스템에 문제가 생겨서 작동이 일시적으로 중단됨.

▶ [70쪽] 정상화되다 : 정상적인 상태가 되다.
▶ 실력 : 실제로 갖추고 있는 힘이나 능력.

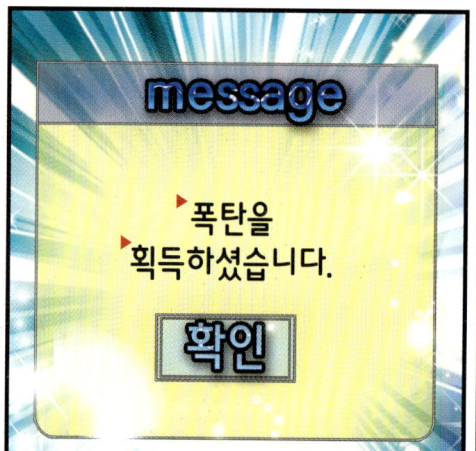

▶ 폭탄 : 생명을 앗아 가거나 구조물을 파괴하기 위한 폭발물.
▶ 획득하다 : 얻어 내거나 얻어 가지다.

★[72쪽] 지진 : 땅속에서 화산 활동 등이 일어나 갑자기 땅이 흔들리는 일.
▶화력 : 불이 탈 때 내는 열의 힘.

▶ 맡다 : 어떤 일에 대해 책임을 지고 담당하다.
▶ 해치우다 : 방해가 되는 대상을 없애 버리다.

▶ 드래건 : dragon. 용. 신화나 전설에 등장하는 상상의 동물.
▶ 소환 : 불러냄.

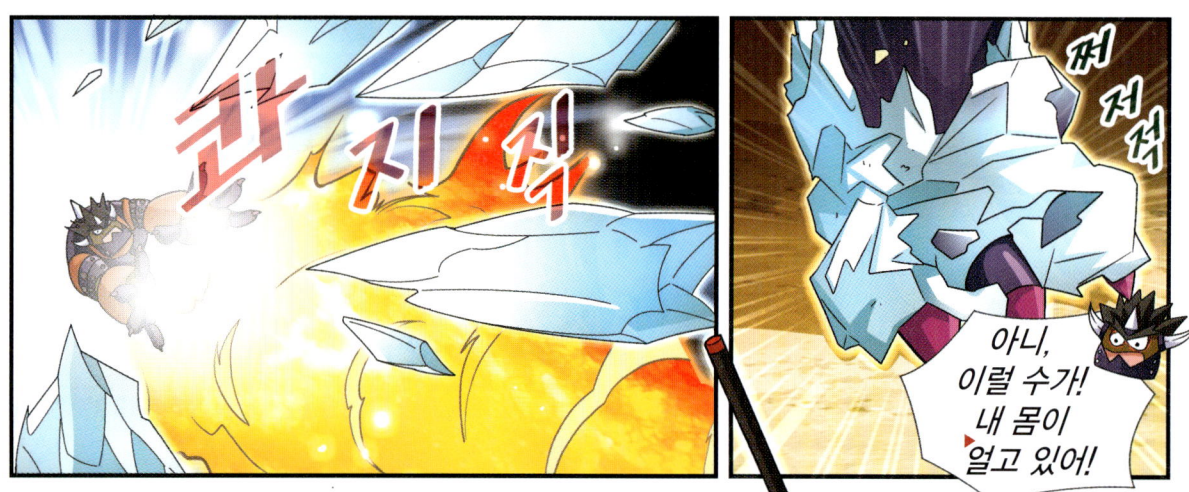

▶ **녹이다** : 얼음같이 차가운 것이 열을 받아 액체가 되게 하다.
▶ **밀어붙이다** : 여유를 주지 않고 계속 몰다.

▶ [76쪽] 얼다 : 액체나 물기가 있는 물체가 찬 기운 때문에 고체 상태로 굳어지다.
▶ 숙이다 : 앞으로나 한쪽으로 기울이다.

▶ 보스 : boss. 한 집단의 최고 우두머리.
▶ [79쪽] VIP : Very Important Person. 특별히 대우해야 할 아주 중요한 인물.

▶ 핵심적 : 가장 중심이 되는 것.
▶ 역할 : 자기가 맡은 직책이나 임무.

인포그래픽 핵심 과학

게임 기기에 따른 구분

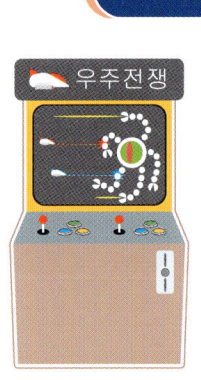

아케이드 게임
게임기와 게임이 하나이며,
대체로 게임 진행이 단순하다.

비디오 게임
전용 게임기를 텔레비전 등에
연결시켜 게임을 실행한다.

온라인 게임
인터넷을 이용해 실시간으로
게임을 즐길 수 있다.

모바일 게임
휴대폰 등의 모바일 기기로
게임을 즐길 수 있다.

게임 장르에 따른 구분

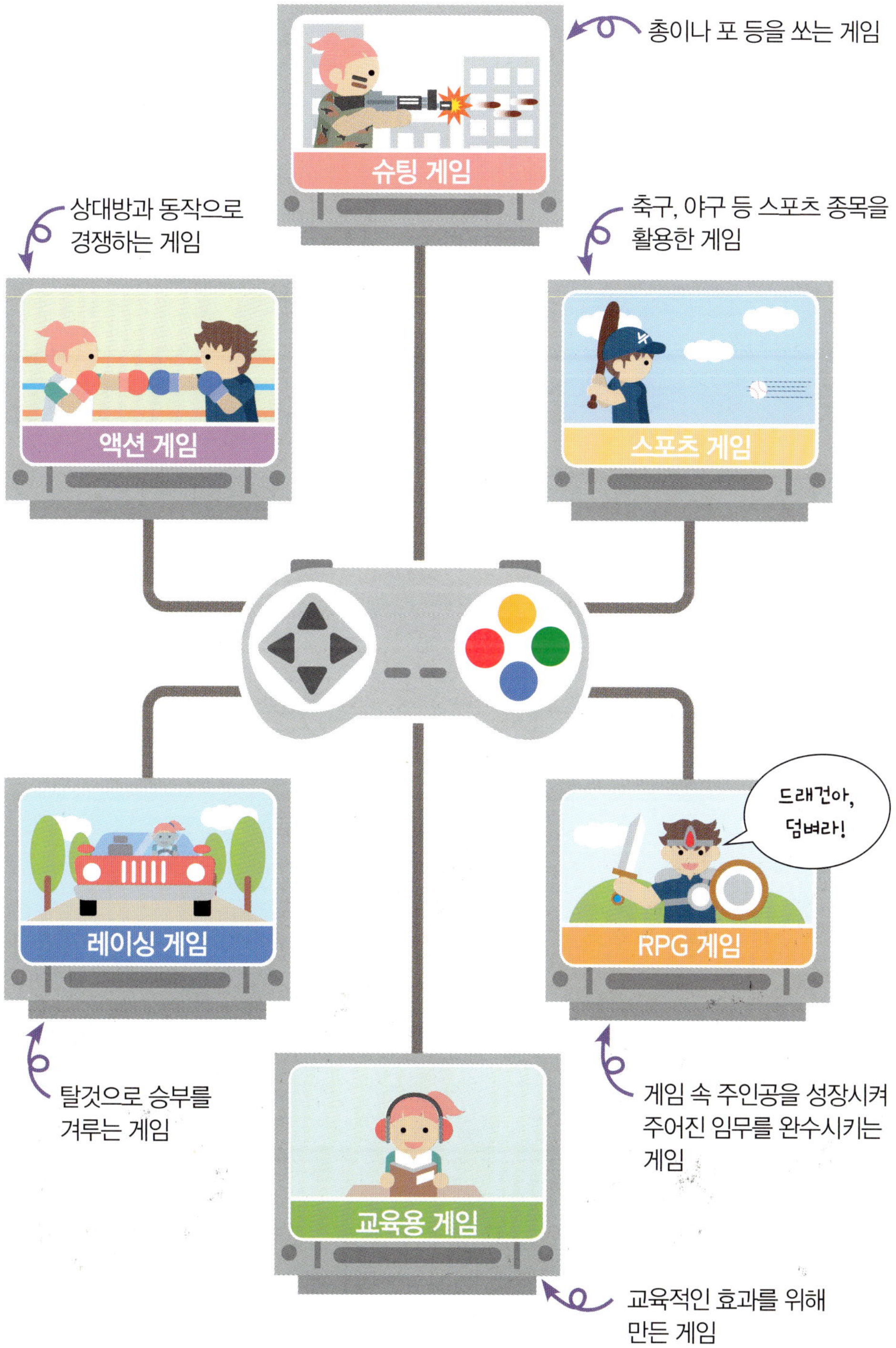

- 총이나 포 등을 쏘는 게임 — 슈팅 게임
- 상대방과 동작으로 경쟁하는 게임 — 액션 게임
- 축구, 야구 등 스포츠 종목을 활용한 게임 — 스포츠 게임
- 탈것으로 승부를 겨루는 게임 — 레이싱 게임
- 게임 속 주인공을 성장시켜 주어진 임무를 완수시키는 게임 — RPG 게임 (드래건아, 덤벼라!)
- 교육적인 효과를 위해 만든 게임 — 교육용 게임

플러스 통합 과학

인물로 정보통신 읽기 게임의 아버지라 불리는 ★존 카멕은 누구일까?

세계적으로 인기가 높은 게임 장르는 1인칭 슈팅 게임이에요. 영어로는 FPS(First Person Shooter)라고 부르지요. FPS는 게임 속 캐릭터의 시점과 게임 플레이어의 시점이 동일해야 하기 때문에 다른 게임에 비해 사실감이 무척 뛰어나요. 주로 총이나 활을 조준하고 발사하는 게임이 많습니다.

이러한 **FPS의 기초를 세운 인물은 '존 카멕'**

▲ 게임 개발자, 존 카멕

이에요. 그는 자신이 만든 게임 자료들을 많은 개발자와 공유해 더욱 발전시키고 싶어 했어요. 그래서 **여러 게임을 개발하는 과정에서 만들어진 게임 엔진을 아무 대가 없이 대중에게 공개**했지요. 이후 수많은 게임 개발자가 존 카멕처럼 자신의 게임 개발 자료를 공유하기 시작했어요. 이렇게 공개된 자료들 덕분에 게임 산업이 크게 발전할 수 있었답니다.

▲ 1인칭 슈팅 게임 화면

★ **존 카멕(1970년~현재)** : FPS의 기초를 세운 게임 프로그래머. 현재는 가상 현실 분야에 진출해 가상 현실 게임 개발에 힘쓰고 있다.

사회로 정보통신 읽기 — 오픈 소스(open source)란 무엇일까?

오픈 소스란 소프트웨어의 설계도인 '소스 코드(source code)'를 공개한다는 데서 유래된 말이에요. 말 그대로 누구에게나 무료로 사용할 수 있게 한 것이지요.

오픈 소스는 누구나 사용할 수 있을 뿐만 아니라, 자유롭게 변형도 가능해요. 단, 오픈 소스를 이용해 만들어진 ▶2차적 저작물 역시 소스 코드를 공개해야 합니다. 이렇게 소스 코드를 공개해 놓으면 많은 사람이 소스 코드에 대한 개발, 편집, 수정에 참여하게 되므로 단기간에 소스 코드의 완성도를 높일 수 있다는 장점이 있어요.

▲소스 코드는 소프트웨어를 만들 때 그 안에 들어가는 모든 동작의 코드이다.

기술로 정보통신 읽기 — 게임에도 엔진이 필요하다고?

게임을 구동시키는 데 필요한 핵심 요소들을 담은 소프트웨어를 '게임 엔진'이라고 합니다. 과거에는 게임을 만들 때마다 게임 개발사가 직접 그에 맞는 게임 엔진을 만들어 사용했으나, 점차 게임 이용자가 늘고 게임의 질이 높아지면서 게임 엔진을 개발하는 데 드는 시간과 비용을 감당할 수 없게 되었습니다.

게임 개발사들은 이러한 상황을 해결하기 위해 게임 엔진을 사고팔기 시작했어요. 그러다 게임 엔진만을 개발하고 판매하는 회사도 생기게 되었지요. 그 덕분에 게임 개발사는 게임 엔진 개발 기간과 비용을 단축해 양질의 게임을 만들 수 있게 되었고, 게임 엔진 판매사는 게임 엔진 개발 비용을 충당할 수 있게 되었답니다.

게임 엔진을 만들어서 돈 좀 벌어 볼까?!

▶2차적 저작물 : 원저작물을 번역·편곡·변형·각색 등의 방법으로 만든 창작물.

3장 게임 개발은 어떻게 할까?

게임 속, 쿠타의 성

또 당했다!

쾅

이제 다른 방법이 필요해!

▶ **당하다** : 피해를 입다.
▶ [85쪽] **회의** : 여럿이 모여 의논함.

▶ **애초** : 맨 처음.
▶ **기왕** : 이미 이렇게 된 바에.

▶ 설정하다 : 새로 만들어 정해 두다.
▶ 거창하다 : 일의 규모가 매우 크고 넓다.

▶ **개발하다** : 새로운 물건을 만들거나 새로운 생각을 내어놓다.
▶ **악당** : 나쁜 짓을 일삼는 무리.

▶ 마감 : 정해진 기한의 끝.
▶ 고난 : 괴로움과 어려움을 아울러 이르는 말.

★**실행하다** : 컴퓨터를 명령어에 따라서 작동시키다.
▶ **귀신이 곡할 노릇** : 신기하고 기묘하여 그 속내를 알 수 없음을 비유적으로 이르는 말.

▶[91쪽] 게임 방송 : 게임 하는 영상을 중계하는 방송. 게임 대회에서 게임 해설과 함께 방송하거나 개인이 직접 촬영해 방송하기도 한다.

★**베타 테스트** : beta test. 하드웨어나 소프트웨어를 공식적으로 발표하기 전에 오류가 있는지 검사하는 작업.

★**홈페이지** : homepage. 웹의 정보들을 모아 놓은 곳. 개인의 관심사나 단체의 업무, 홍보 등의 내용을 다양하게 제공한다.

▶ [92쪽] 납치 : 강제 수단을 써서 억지로 데리고 감.
▶ 프라이버시 : privacy. 개인의 사생활을 남에게 간섭받지 않을 권리.

▶ 식은 죽 먹기 : 거리낌 없이 아주 쉽게 하는 모양.
▶ [95쪽] 변장하다 : 본래의 모습을 알아볼 수 없게 옷차림 등을 다르게 바꾸다.

▶ 잠복하다 : 드러나지 않게 숨다.
▶ 그럴싸하다 : 그렇다고 여길 만하다.

▶ 한참 : 시간이 상당히 지나는 동안.
▶ [97쪽] 팀장 : 같은 일에 종사하는 한 팀의 책임자.

★**게임 시나리오** : 게임을 이끌고 나가는 이야기. 혹은 그 이야기를 구성하는 모든 것을 의미하는 용어. 게임의 배경과 줄거리, 캐릭터의 성격 등이 포함된다.

▶ 브리핑 : briefing. 요점을 간추린 간단한 보고나 설명.
▶ [99쪽] 기획서 : 기획한 내용을 서류로 문서화한 것.

라이브 영상 게임 개발 과정

- 게임 시장 조사 및 분석
- 게임 기획서 작성 및 평가

→ 게임 제작 (게임 그래픽 / 게임 프로그램 / 게임 사운드)

↓

- ★알파 테스트 실시 및 보완
- 베타 테스트 실시 및 보완

→ 게임 출시 및 홍보 / 지속적인 업데이트 및 관리

★**알파 테스트** : alpha test. 게임이 만들어지는 과정에서 가장 처음 하는 테스트. 베타 테스트와 달리 비공개로 진행하며, 내부 직원 중에서도 극소수만이 참여함.

★사운드 : sound. 영상에서 소리로 표현되는 한 부분으로, 배경 음악과 효과음 등이 있다.
★프로그램 : program. 컴퓨터를 실행시키기 위해 순서대로 작성된 명령어 모음.

▶ [100쪽] 설계하다 : 목적에 맞게 계획을 세우다.
▶ 엔진 : engine. 열에너지 등을 기계적인 힘으로 바꾸는 기계 장치.

▶ 라이브 영상 게임 엔진

게임 엔진은 게임을 실행시키는 데 필요한 핵심 요소들을 담은 ★소프트웨어이다. 여기에는 그래픽 엔진, ★물리 엔진, 사운드 엔진, 인공 지능, 시나리오, 애니메이션 등 게임을 만드는 데 필요한 모든 것이 들어 있다. 예전에는 게임을 개발할 때마다 그에 맞는 게임 엔진을 만들었으나, 게임 엔진 개발에 들이는 시간과 비용을 절약하고자 시장에 나와 있는 판매용 엔진을 구매해 사용하기도 한다.

★**소프트웨어** : software. 컴퓨터를 통제하거나 컴퓨터에 명령을 내려서 작업을 수행하게 하는 프로그램.

★[102쪽] 물리 엔진 : 게임 공간을 구성하는 물체들이 현실 세계의 물리 법칙에 따라 움직이도록 처리해 주는 프로그램.

▶ 혼쭐내다 : 몹시 꾸짖거나 벌을 주다.
▶ 쥐 죽은 듯 : 매우 조용한 상태를 비유적으로 이르는 말.

★모션 캡처 : motion capture. 실제 움직임을 인식해 데이터로 바꾼 뒤, 이를 3D 캐릭터에 적용해 움직임을 재현하는 기술.

▶ **스타일** : style. 일정한 방식.
▶ **랩** : rap. 강렬하고 반복적인 리듬에 맞춰 가사를 읊듯이 노래하는 음악.

▶ 신명 : 흥겨운 기분.
▶ 비트 : beat. 음악에서 박자를 이르는 말.

▶ **집합** : 사람들을 한곳으로 모으거나 모임.
▶ **발견하다** : 어떤 물건이나 사실 등을 찾아내다.

▶ 숨죽이다 : 숨소리가 들리지 않을 정도로 조용히 하다.
▶ 초대하다 : 어떤 모임에 참가해 줄 것을 청하다.

▶ 커플 : couple. 사랑하는 남녀 한 쌍.
▶ [111쪽] 제한 : 일정한 한도를 정하거나 한도를 넘지 못하게 막음.

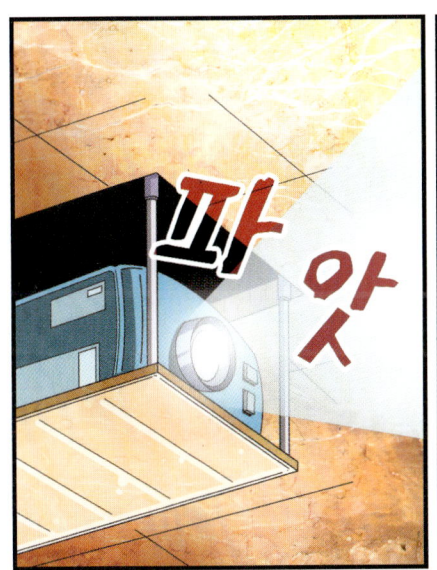

▶ 모드 : mode. 특정한 작업을 할 수 있는 어떠한 상태.
▶ 전환되다 : 다른 상태로 바뀌다.

▶ 뽀족하다 : 생각, 성능이 신통하다.
▶ 수 : 일을 처리하는 방법이나 수완.

▶ [112쪽] 막다르다 : 더 나아갈 수 없도록 앞이 막혀 있다.
▶ 랜덤 박스 : random box. 어떤 내용물이 들어 있는지 알 수 없는 박스.

▶ 무기 : 싸움에 사용되는 기구를 통틀어 이르는 말.
★ 온라인 게임 : on-line game. 인터넷을 이용한 실시간 게임.

▶ **일행** : 함께 길을 가는 무리.
▶ **호락호락하다** : 일이나 사람이 만만하여 다루기 쉽다.

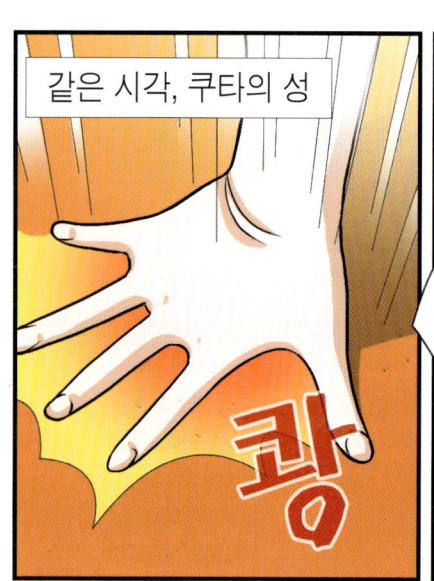

▶ **무뢰한** : 성품이 막되어 예의를 모르며, 불량한 짓을 하며 돌아다니는 사람.
▶ **[117쪽] 대책** : 어떤 일에 대처할 계획이나 수단.

▶ 찍소리 : 아주 조금이라도 반대하거나 항의하려는 말이나 태도.
▶ 필살기 : 상대에게 치명상을 입히는 기술.

★**프로그램** : program. 컴퓨터를 실행시키기 위해 순서대로 작성된 명령어 모음. 이것을 설계, 작성, 시험하는 일을 프로그래밍이라 함.

▶농락 : 새장과 고삐라는 뜻으로, 남을 교묘한 꾀로 휘어잡아서 제 마음대로 놀리거나 이용함.

인포그래픽 핵심 과학

 게임 개발 과정

기획 과정

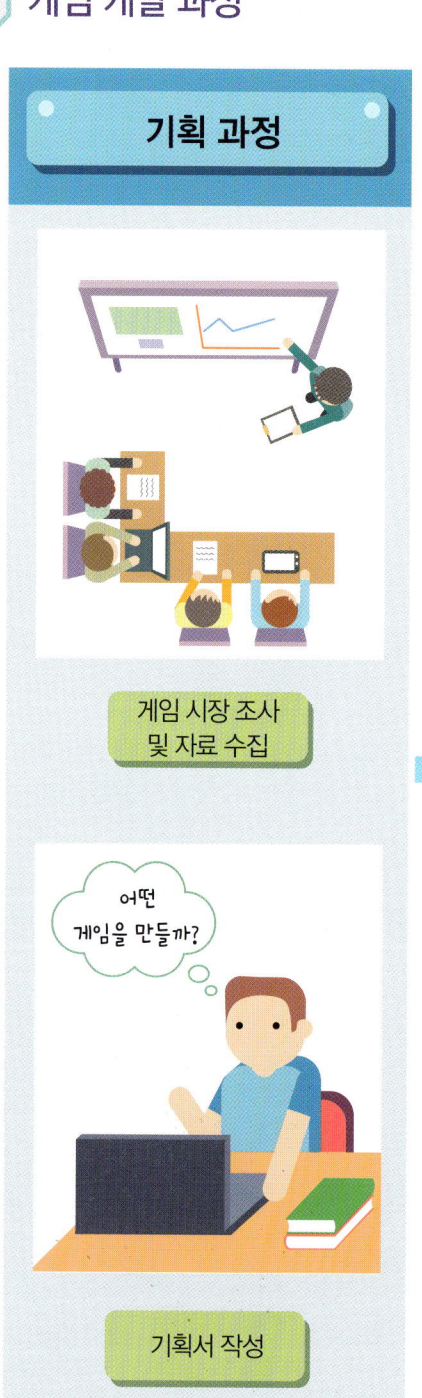

게임 시장 조사 및 자료 수집

기획서 작성

메인 제작 과정 1

게임 디자인 콘셉트 확정

게임 그래픽 제작

메인 제작 과정 2

게임 프로그램 제작

게임 음악 제작

후반 제작 과정 1

시험판 제작 및 베타 테스트 진행

후반 제작 과정 2

홍보 및 마케팅 준비

운영 관리 과정

사용자 건의 사항 응대

사용자의 개인 정보 및 게임 데이터 보호

지속적인 업데이트로 게임 관리

플러스 통합 과학

진로로 정보통신 읽기
게임만 잘하면 게임 프로듀서가 될 수 있을까?

게임 프로듀서는 게임 개발을 이끄는 총감독 역할을 해요. 우선 게임 개발 비용과 제작 시간, 필요 인원 등을 고려해 계획을 짜야 하지요. 그리고 시나리오 기획부터 프로그램 개발 등 게임이 만들어지는 모든 과정에 참여해야 합니다.

무엇보다 **훌륭한 게임 프로듀서가 되기 위해서는** 시장 조사 결과를 바탕으로 **게임 이용자들이 무엇을 원하는지 파악할 수 있는 통찰력과 신선한 게임 소재를 발굴할 수 있는 창의력이 필요해요.** 또한 게임을 널리 알릴 수 있는 마케팅과 홍보 등 다양한 분야의 폭넓은 지식을 쌓아야 한답니다.

게임을 만드는 사람들

∨ 관리
- 게임 프로듀서: 게임 제작 총감독

∨ 기획
- 게임 기획자: 게임의 규칙, 퀘스트 등 전체적인 게임의 틀을 구성

∨ 기술
- 게임 프로그래머: 게임 구조 설계, 사운드 효과와 그래픽 데이터를 통합해 게임 완성

∨ 아트
- 그래픽 디자이너: 게임 캐릭터와 배경, 아이템 등을 디자인
- 사운드 디자이너: 음향 효과, 배경 음악 등 설정

∨ 기타
- QA(Quality Assurance): 게임의 품질 점검 및 개선
- GM(Game Manager): 게임 이용자와의 소통 담당

> 게임 진행을 위해 이용자가 수행해야 하는 임무를 퀘스트라고 해.

> **문학으로 정보통신 읽기**
>
> ## 게임 시나리오는 어떻게 써야 할까?

게임 시나리오를 작업할 때 가장 먼저 해야 할 일은 **게임의 세계관을 확립**하는 것입니다. 세계관은 게임의 시나리오를 이루는 시간적·공간적 배경이에요. 이는 게임을 구성하는 데 있어 중심축 역할을 하는 핵심 요소이지요. 세계관을 정한 뒤에는 **기본 줄거리와 캐릭터에 대해 설정**해야 하고, 게임에 영향을 미치는 **NPC에 관해서도 확정**해야 해요.

만약 '중세 유럽, 마법의 성에 갇힌 아라 공주를 구출하려는 기사'라는 세계관과 기본 줄거리가 정해졌다면, 기사를 막으려는 나쁜 마법사의 방해와 주인공을 돕는 요정, 새로운 무기 획득 등의 설정을 더해서 게임 이용자들이 지루해할 틈이 없도록 시나리오를 구성해야 합니다.

▲게임 세계관에 자주 쓰이는 북유럽 신화

4장 가상 현실 게임은 어떻게 작동할까?

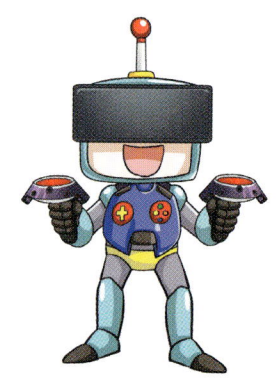

▶ 그깟 : 겨우 그만한 정도의.
▶ 한심하다 : 정도에 너무 지나치거나 모자라서 딱하거나 기막히다.

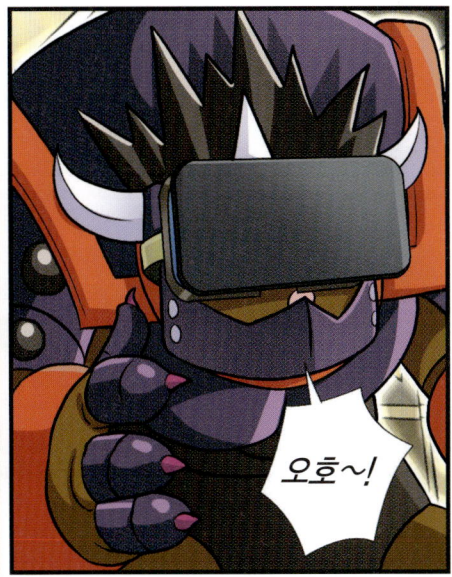

▶ 임무 : 맡은 일.
▶ 달성하다 : 목적한 것을 이루다.

▶ **성공하다** : 목적하는 바를 이루다.
▶ **꾀어내다** : 꾀를 쓰거나 유혹하여 있던 곳에서 어느 곳으로 나오게 하다.

▶ 문자 메시지 : 휴대폰에서 글자판을 이용하여 문자로 된 내용을 상대에게 전달하는 기능.
▶ 알람음 : 휴대폰에서 설정해 놓은 정보를 알려 주는 소리.

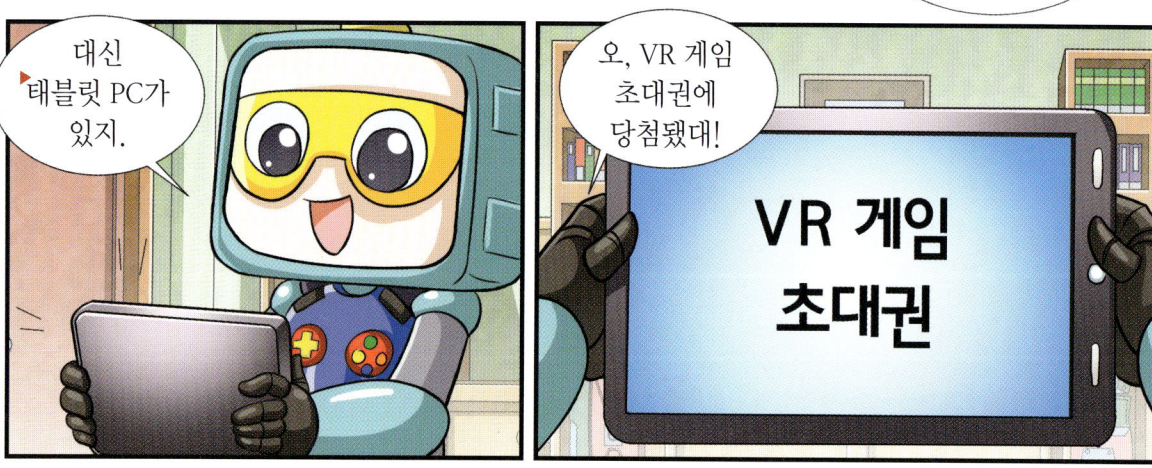

▶ **태블릿 PC** : tablet PC. 터치 스크린을 장착해 키보드 없이 전자 펜이나 손가락으로 터치해 입력을 할 수 있는 모바일 인터넷 기기.

라이브 영상 가상 현실과 HMD

가상 현실은 특정한 환경이나 상황을 컴퓨터로 만들어서 사용자가 실제로 경험하고 있는 것처럼 만들어 주는 공간이다. 현실에서 경험하지 못하는 것을 체험할 수 있다는 장점 덕분에 게임이나 의료, 항공 등 다양한 분야에서 활용되고 있다. 일반적으로 'HMD'라는 영상 표시 기기를 통해 가상 현실을 눈앞에서 볼 수 있으며, 다양한★VR 기기로 가상 현실 속에서 움직이거나 어떠한 행동을 취할 수 있다.

★VR 기기 : 가상 현실 속에서 어떠한 동작을 하기 위해 필요한 장치. 가상 현실 특성에 따라 사용하는 VR 기기의 종류가 다양하다.

▶ 꿍꿍이 : 남에게 드러내 보이지 아니하고 속으로 어떤 일을 꾸미며 우물쭈물하는 속셈.
▶ [131쪽] 캐릭터 : character. 게임이나 만화 등에 등장하는 인물.

▶ **아르바이트** : arbeit. 짧은 기간 동안 돈을 벌기 위해 자신의 본업 외에 임시로 하는 일.
▶ **탈** : 얼굴을 감추거나 달리 꾸미기 위하여 얼굴에 쓰는 물건.

▶ **초대권** : 어떤 자리나 모임에 초대하는 뜻을 적어 보내는 표.
▶ **작전** : 어떤 일을 이루기 위하여 필요한 방법을 마련함.

▶ 기기 : 기구, 기계 등을 통틀어 이르는 말.
▶ 장치 : 어떤 목적에 따라 기능하도록 한 도구.

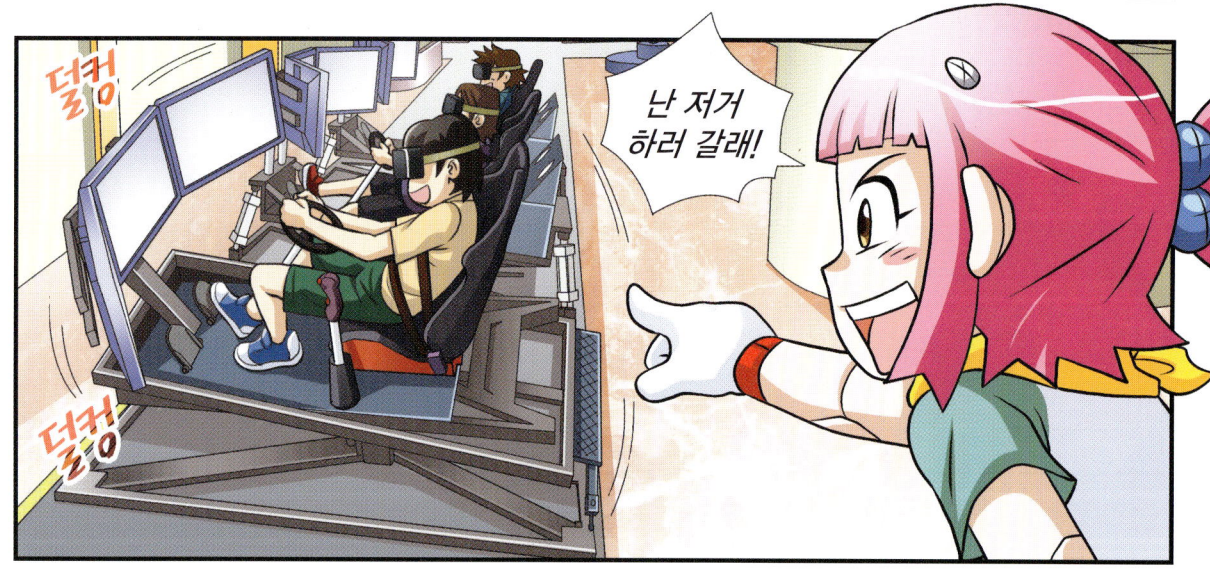

▶3D : Three Dimension. 상하, 좌우, 전후의 세 방향으로 이루어진 공간. 즉, 삼차원. 1D는 직선, 2D는 평면, 3D는 입체다.

▶ [134쪽] 핸들 : handle. 자동차 등을 운전하거나 작동하는 손잡이.
▶ 좀비 : zombie. 초월적인 힘에 의해 되살아난 시체.

▶ **역할** : 특별히 맡은 일.
▶ [137쪽] **완수** : 뜻한 바를 완전히 이루거나 다 해냄.

▶ 백신 : 전염병에 대하여 인공적으로 면역을 주기 위해 생체에 투여하는 주사약.
▶ 클리어 : clear. 게임에서 주어진 임무를 수행하다.

▶ **본때를 보이다** : 잘못을 다시는 저지르지 않도록 교훈이 되는 따끔한 맛을 보이다.
▶ [139쪽] **개조하다** : 고쳐 만들거나 바꾸다.

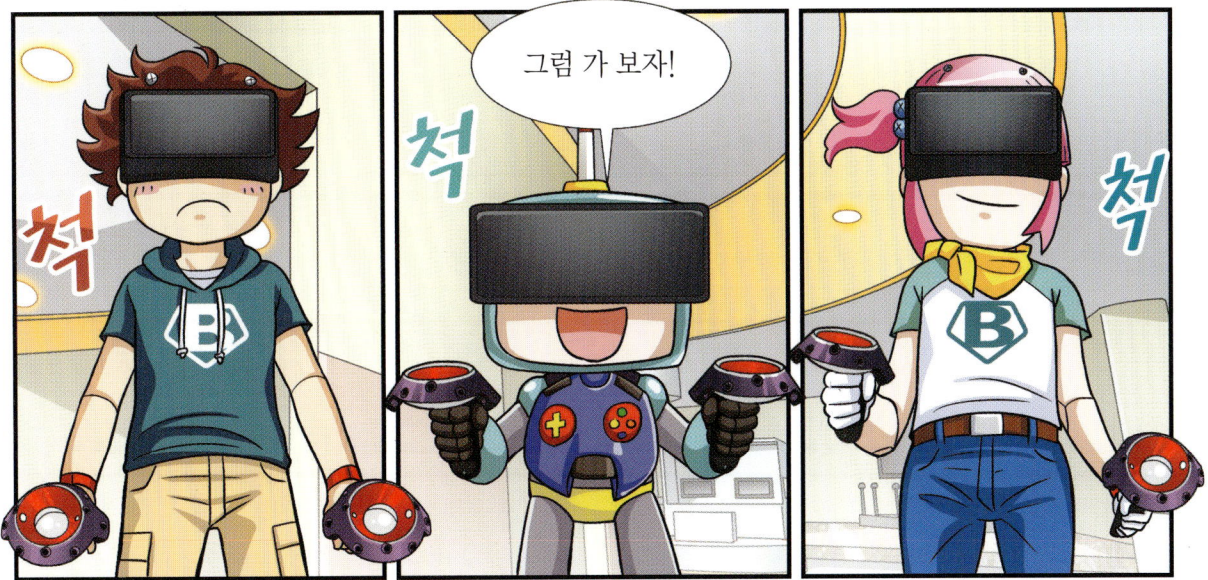

▶ **컨트롤러** : controller. 제어할 수 있는 장치.
▶ **장비** : 장치나 설비 등을 갖추어 차림.

▶ 을씨년스럽다 : 보기에 싸늘하고 스산한 기운이 있다.
▶ [141쪽] 습격 : 갑자기 적이 들이닥쳐 공격함.

▶ 미션 : mission. 게임에서 달성해야 할 임무.
▶ 수월하다 : 까다롭지 않아 하기가 쉽다.

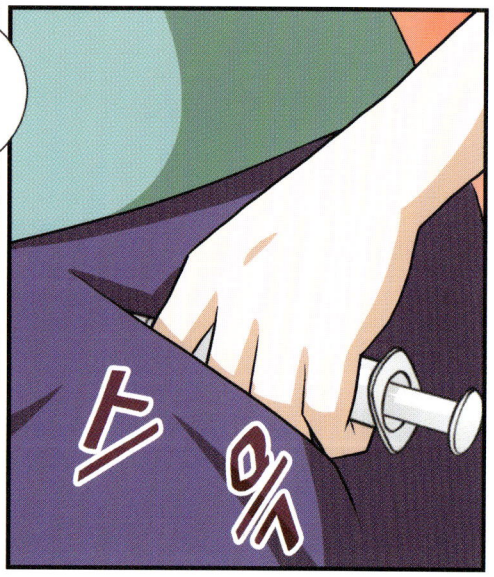

▶[143쪽] 플레이어 : player. 게임에 참여해 게임을 하고 있는 사람.

▶ 대피하다 : 위험이나 피해를 입지 않도록 일시적으로 피하다.
▶ 무사하다 : 아무런 일이 없다.

▶ 상황 : 일이 되어 가는 과정이나 형편.
▶ 일단 : 우선 먼저.

▶ [144쪽] 수상하다 : 보통과는 달리 이상하여 의심스럽다.
▶ 상대하다 : 서로 겨루다.

▶ 균열 : 갈라져 터짐.
▶ 단번에 : 단 한 번에.

▶ [146쪽] 처리하다 : 사건 등을 마무리 짓다.
▶ [146쪽] 불어나다 : 수량 등이 본래보다 커지거나 많아지다.

▶ **의욕** : 무엇을 하고자 하는 적극적인 마음.
▶ **감** : 느낌이나 생각.

▶ 패치 : patch. 특정 성분을 담은 부착제.
▶ 금물 : 해서는 안 되는 일.

인포그래픽 핵심 과학

📶 가상 현실 게임과 관련된 기기들

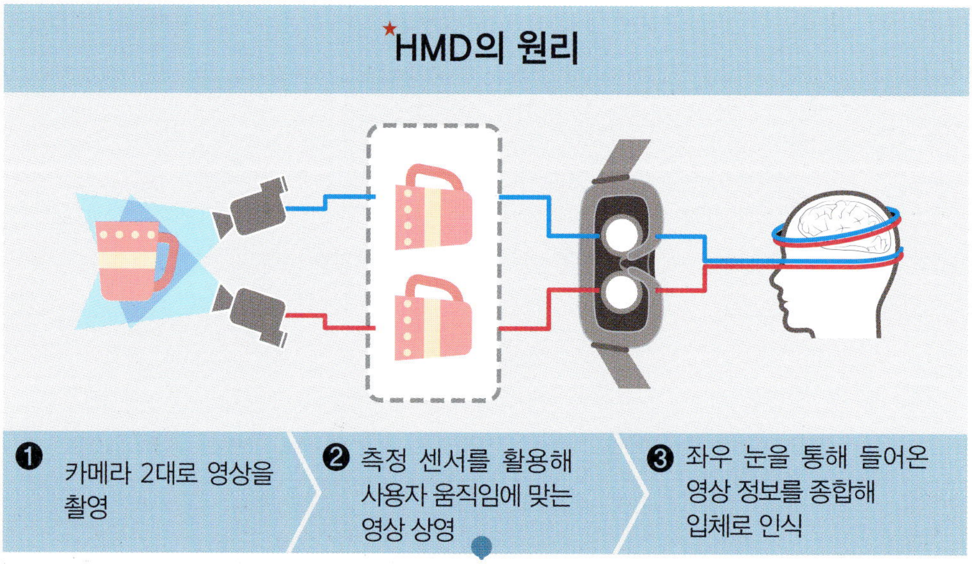

★HMD의 원리

❶ 카메라 2대로 영상을 촬영

❷ 측정 센서를 활용해 사용자 움직임에 맞는 영상 상영

❸ 좌우 눈을 통해 들어온 영상 정보를 종합해 입체로 인식

> 와, 물체가 모두 3D 입체로 보여!

HMD

---

150 ★HMD : Head Mounted Display. 안경처럼 머리에 쓰고 대형 영상을 즐길 수 있는 장치.

플러스 통합 과학

의학으로 정보통신 읽기 게임을 하다 멀미를 한다고?

게임에 몰두하다 갑자기 머리가 아프고 속이 메스꺼웠던 경험이 한 번씩은 있을 거예요. 이러한 증상을 '사이버 멀미'라고 부르지요.

사이버 멀미는 컴퓨터나 스마트폰 등 디지털 기기의 화면을 통해 빠른 움직임을 볼 때 나타나는데, 몸은 움직이지 않는 반면 눈은 격렬하게 움직이는 신체 부조화 때문에 생기는 현상이라고 합니다. 특히 그래픽이 발달한 FPS 게임과 HMD를 쓰고 가상 현실을 체험하는 과정에서 사이버 멀미 증상을 더 크게, 자주 느낄 수 있지요.

예민한 사람은 심한 현기증으로 쓰러질 수도 있다고 하니, 사이버 멀미 증상을 느낄 경우 게임을 바로 중단하고 휴식을 취해야겠습니다.

어지러우니까 조금만 쉬자.

윤리로 정보통신 읽기 게임을 하다 범죄자가 될 수도 있다?

저작권이란 글, 그림, 음악 등의 작품을 직접 제작한 사람에게 그에 대한 사용 권리를 주는 것을 말해요. 여기서 사용 권리란, 다른 사람에게 자기 작품을 팔거나 ▶배포하는 것을 뜻하지요.

이러한 저작권은 저작권법으로 보호를 받는데, 게임에도 저작권법이 적용됩니다. 그렇기 때문에 유료 게임을 불법 다운로드받아 사용할 경우 법적인 처벌을 받을 수도 있어요. **또한 게임 캐릭터나 이미지, 배경 음악 등 모두 저작권법의 보호를 받고 있으니 함부로 이용해서는 안 됩니다.** 설령 게임 서비스가 종료되었다 하더라도 저작권은 유효하므로 **멋대로 사용하면 범죄자가 될 수도 있어요.**

▲저작권 표시 로고. ⓒ 표시는 copyright의 첫 글자를 의미한다.

아무거나 다운받으면 안 되겠네.

▶배포하다 : 무언가를 널리 나누어 주다.

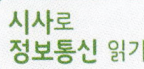

게임 시간 선택제란 무엇일까?

게임에 대한 부정적인 시각은 오래전부터 계속되어 왔습니다. 청소년들의 정서와 지식 쌓기에 전혀 도움이 되지 않기에 되도록 멀리해야 한다는 의식이 지배적이었지요. 그러나 적당한 선에서 즐기는 게임은 두뇌 활동을 촉진시켜 학습력을 높여 주고, 추리력이나 문제 해결력을 발달시켜 주기도 합니다.

하지만 게임을 하기 위해 해야 할 일을 미루거나 자신의 등급에 맞지 않는 게임을 하고, 다른 사람에게 피해를 준다면 그것은 잘못된 행동이라 할 수 있어요. 더 나아가 수면 부족, 식욕 저하, 대인 관계 기피, 공격적 행동 유발 증상까지 나타난다면 게임 중독을 의심해 봐야 합니다.

게임 중독에서 벗어나기로 마음먹었다면 우선 부모님께 도움을 요청하고, **게임 시간 선택제**를 이용해 보세요. 게임 이용 확인 서비스(http://www.gamecheck.org)에 접속해 이 서비스를 신청하면 **정해진 시간에만 게임을 할 수 있기 때문에 게임 중독 극복에 도움이 되고 시간 조절 능력까지 키울 수 있습니다.**

▲ 게임 등급 분류

5장 증강 현실 게임이란 무엇일까?

▶ **극복하다** : 고생 등을 이겨 내다.
▶ **코빼기도 안 보이다** : 도무지 모습을 나타내지 않다.

▶ 소멸되다 : 사라져 없어지다.
▶ 각오 : 앞으로 해야 할 일이나 겪을 일에 대한 마음의 준비.

▶ 같잖다 : 말할 거리도 못 될 만큼 하찮다.
▶ [157쪽] 휴대폰 : 들고 다니면서 쓸 수 있는 무선 전화기.

▶ **태블릿 PC** : tablet PC. 터치 스크린을 장착해 키보드 없이 전자 펜이나 손가락으로 터치해 입력을 할 수 있는 모바일 인터넷 기기.

▶ 비비적거리다 : 이리저리 문지르다.
▶ 헛것 : 실제로는 없는데 있는 듯이 보이는 대상.

▶ 태양열 : 태양에서 나와 지구에 이르는 열.
▶ 충전 : 에너지를 모아서 쌓는 일.

★AR 게임 : Augmented Reality game. 증강 현실 게임. 현실 세계에 삼차원의 가상 물체를 띄워서 보여 주는 기술을 이용해 만든 게임.

★[160쪽] 모델링 : modeling. 캐릭터나 제품 등의 입체 형상을 제작하는 과정.
▶[160쪽] 구현 : 어떤 현상이 구체적인 모습으로 나타남.

▶ **조종하다** : 자기 마음대로 다루어 부리다.
▶ **제압하다** : 강한 힘으로 상대를 옴짝달싹 못 하게 하다.

▶ [162쪽] 돌격 : 적에게 돌진하여 공격함.
▶ [162쪽] 만화 : 연속적인 그림 속에 대화가 어우러진 이야기 형식의 그림.

★클릭 : click. 마우스 같은 입력 장치의 버튼을 누르는 것.
▶동료 : 같은 분야에서 함께 일하거나 활동하는 사람.

▶ **시간 가는 줄 모르다** : 몹시 바삐 진행되거나 어떤 일에 몰두하여 시간이 어떻게 지났는지 알지 못하다.

▶ 알 : 새나 곤충 등의 암컷이 낳는 둥근 모양의 물질.
▶ [167쪽] 포획하다 : 짐승이나 물고기를 잡다.

▶ **깨어나다** : 의식을 찾다.
▶ **공격성** : 상대편에게 적대적 행동을 취하는 성질.

▶ 의지 : 어떠한 일을 이루고자 하는 마음.
▶ 상승하다 : 낮은 데서 위로 올라가다.

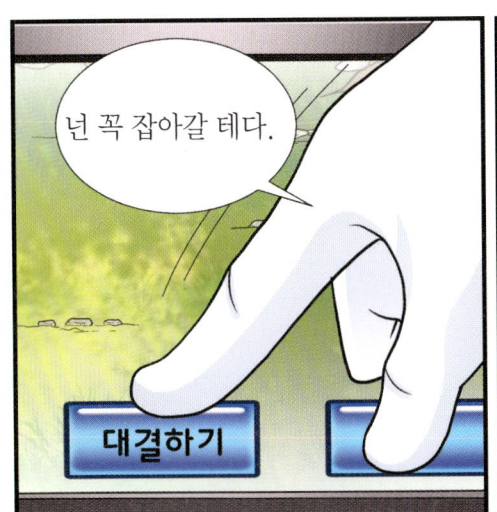

▶ [168쪽] 발견 : 아직 알려지지 않은 대상을 찾아냄.
▶ 은둔하다 : 세상일을 피하여 숨다.

▶ 양껏 : 할 수 있는 양의 한도까지.
▶ 음모 : 나쁜 목적으로 몰래 흉악한 일을 꾸밈. 또는 그런 꾀.

▶ 종합 : 여러 가지를 한데 모아서 합함.
▶ 훈련 : 가르쳐서 익히게 함.

172 ▶ 체력 : 육체적 활동을 할 수 있는 몸의 힘.
▶ 맹훈련 : 강하게 하는 훈련.

▶ 전설 : 옛날부터 전하여 내려오는 이야기.
▶ 진화하다 : 생물이 점차 변해 가다.

▶ **대박** : 어떤 일이 크게 이루어짐을 비유적으로 이르는 말.
▶ **천운** : 매우 다행스러운 운수.

▶ **성과** : 이루어 낸 결실.
▶ **납시다** : '나가시다', '나오시다'의 뜻으로, 옛날에 지위가 매우 높은 사람에게 쓰던 말.

▶ **발동** : 움직이거나 작용하기 시작함.
▶ **피겨** : figure. 게임, 만화, 영화 등에 나오는 캐릭터를 축소해 거의 완벽한 형태로 만든 인형.

▶ **제작하다** : 재료를 가지고 기능과 내용을 가진 새로운 물건이나 작품을 만들다.
▶ **선택하다** : 여럿 가운데 필요한 것을 고르다.

▶[179쪽] **평가하다** : 가치나 수준 등을 평하다.
▶[179쪽] **영감** : 번쩍이는 기발한 생각.

인포그래픽 핵심 과학

증강 현실이란?

현실 세계에 3차원 가상 이미지를 겹쳐서 하나의 영상으로 보여 주는 기술이다.

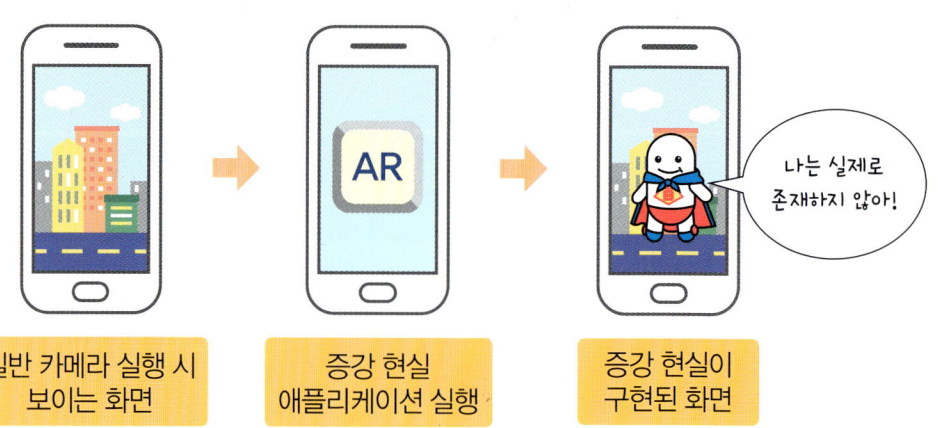

가상 현실과 증강 현실의 차이

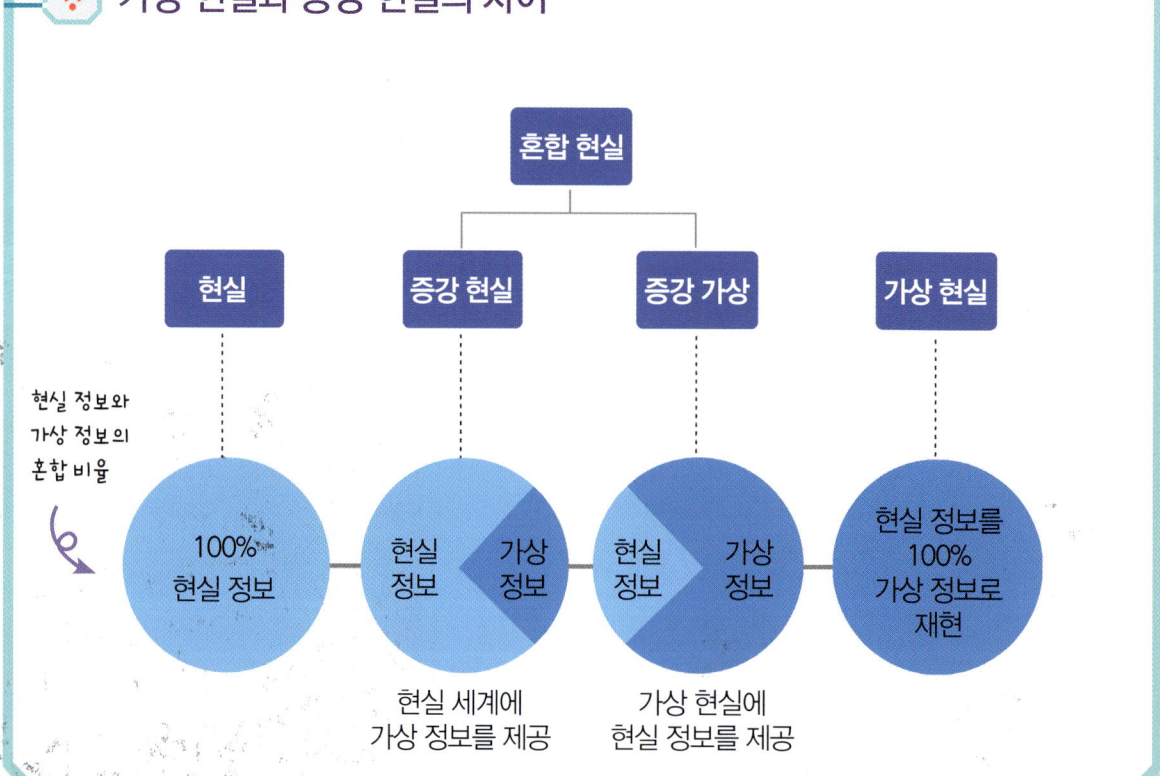

증강 현실의 구현 원리

1. 모바일 기기 속 센서를 통해 사용자의 위치 정보 획득

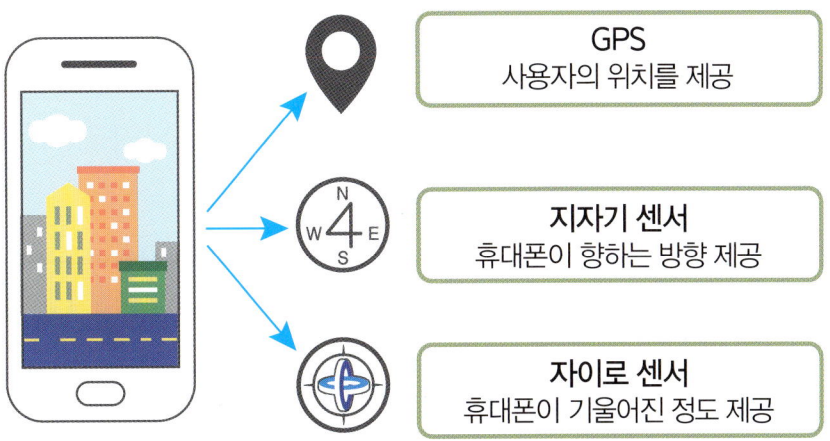

- **GPS**: 사용자의 위치를 제공
- **지자기 센서**: 휴대폰이 향하는 방향 제공
- **자이로 센서**: 휴대폰이 기울어진 정도 제공

2. 시스템 서버에서 부가 정보 선별 작업 시작

- **시스템 서버**: 모바일로부터 전송받은 위치 정보에 적합한 다양한 부가 정보 선별

3. 모바일 화면에 부가 정보 전송 및 구현

- **디스플레이 시스템**: 서버로부터 전송받은 부가 정보를 카메라 화면에 겹쳐서 구현

플러스 통합 과학

문화로 정보통신 읽기 나라마다 인기 게임 장르가 다르다고?

나라별 문화가 다르듯이, 각 나라마다 선호하는 게임도 다릅니다. 그럼 게임 강국들을 중심으로 어떤 게임을 좋아하는지 알아볼까요?

온라인 게임 시장에서 가장 큰 비중을 차지하는 **중국은 주로 슈팅 게임과 액션 게임 등 컴퓨터 사양이 낮고 가볍게 즐길 수 있는 게임이 인기** 있어요. 하지만 새로운 게임에 쉽게 열광하는 만큼 그 관심이 금방 사그라지고, 자국의 게임을 보호하기 위해 다른 나라 게임에는 부정적이라는 점이 중국 게임 시장의 특징입니다.

일본은 중국과 달리 급속한 변화가 없으나, 특이하게도 캐릭터의 의상과 행동 등을 따라 하는 코스튬이나 완구 등 게임 캐릭터를 이용한 산업이 크게 발달했어요. 또한 게임 시나리오를 만화에서 가져오기도 하고, 게임 캐릭터를 만화나 애니메이션으로 만드는 것이 특징이지요. **일본의 게임 시장에서 가장 큰 비중을 차지하는 게임 장르는 역할 수행 게임인 RPG**예요. 일본 게이머들은 경쟁하기보다는 서로 협동하며 게임 하기를 좋아하는 성향이 강하기 때문이라고 합니다.

우리나라는 RPG뿐만 아니라 FPS나 스포츠 게임 등 다양한 장르가 인기 있어요. 우리나라 사람들은 게임을 다양하게 즐길 뿐 아니라 실력까지 월등한 편이라 각종 e-스포츠 대회에서 한국인들을 쉽게 찾아볼 수 있어요. 이 때문에 대한민국을 e-스포츠 강국이라 부르기도 합니다.

이처럼 각 나라마다 좋아하는 게임이 다르다는 것을 알 수 있어요. 게임 개발자를 꿈꾼다면 이를 잘 활용해 보는 것도 좋을 거예요.

▲ 코스튬(costume)을 즐기는 사람들

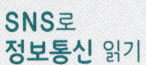 소셜 네트워크 게임이라고?

친구로부터 SNS(Social Network Service, 소셜 네트워크 서비스)를 통해 게임 초대를 받아 본 적이 있나요? 초대를 수락하고 게임을 하여 친구들과 SNS로 아이템을 주고받으며 즐기는 게임을 바로 '소셜 네트워크 게임'이라고 해요.

소셜 네트워크 게임(SNG, Social Network Game)은 카카오톡 등의 **SNS와 게임이 결합된 것**이에요. 자신의 SNS와 연동되기 때문에 지인들을 쉽게 초대할 수 있고, 함께 게임을 즐길 수도 있지요. 특히 귀여운 아이콘과 캐릭터 덕분에 모든 연령층에서 사랑을 받고 있답니다.

▲페이스북을 통한 소셜 네트워크 게임 〈팜빌〉

 e-스포츠란 무엇일까?

e-스포츠는 온라인에서 이뤄지는 컴퓨터 게임 대회나 리그를 가리킵니다. 하지만 모든 컴퓨터 게임이 e-스포츠에 포함되지는 않아요.

왜냐하면 e-스포츠가 지닌 핵심적인 특징이 '공정한 경쟁'이기 때문이지요. 그래서 ▶사행성이 강하고, 우연적 요소가 크게 작용하는 **도박 등의 게임은 e-스포츠에서 제외**된답니다.

▲e-스포츠의 인기가 높아짐에 따라 게임 업체들이 전용 구장을 신설하는 등의 투자가 늘고 있다.

▶**사행성** : 운으로 재산상의 금전적 이익을 바라는 성질.

도전! 과학 퀴즈

1번 누리가 게임에 대한 가로세로 퍼즐을 풀고 있어요. 누리와 함께 퍼즐을 풀어 보세요.

	①				
②		임		버	
	진		③		④ P
⑤ 온					

가로 열쇠
② 온라인 게임 실행 시, ○○○○에 접속하여야 한다.
③ 게임 속 도우미 캐릭터이다.
⑤ 인터넷으로 즐기는 실시간 게임을 ○○○ 게임이라고 한다.

세로 열쇠
① 게임을 구동시키는 데 필요한 핵심 요소들을 담은 소프트웨어이다.
④ 1990년대에 카페의 형태로 처음 등장했으며, 현재는 돈을 내고 컴퓨터를 사용할 수 있는 영업장을 의미한다.

2번 아라가 가로세로 퍼즐을 푸는 데 어려움을 겪고 있어요. 아라와 함께 퍼즐을 풀어 볼까요?

① 모				② 중	
		③ 가		현	
					④
⑤	케				솔

가로 열쇠
③ 특수 안경 등을 통해 특정한 장소나 상황이 현실처럼 보이는 것이다.
⑤ ○○○○ 게임은 주로 오락실에서 볼 수 있고, 게임 진행이 단순한 편이다.

세로 열쇠
① 스마트폰 같이 이동성 있는 휴대 기기로 즐기는 게임을 ○○○ 게임이라고 한다.
② 현실 세계에 가상의 정보를 추가한 것이다.
④ 비디오 게임을 ○○ 게임이라고도 한다.

도전! 과학 퀴즈

3번 다음 그림은 게임과 관련된 직업이에요. 직업명과 그림이 일치하도록 선을 이어 보세요.

①  게임 배경 음악과 효과음 등을 만들어요. • • 그래픽 디자이너

②  게임 캐릭터의 움직임을 만들어요. • • 애니메이터

③ 게임 속에 들어가는 이미지를 만들어요. • • 사운드 디자이너

4번 다음 빈칸에 들어갈 단어는 무엇일까요?   답 (   )

☐은(는) 캐릭터를 상하좌우로 움직일 수 있게 하는 역할을 해.

① 조이스틱　　　　　② 롬 카트리지
③ 치즈스틱　　　　　④ 메모지

5번 두 학생은 무엇에 관해서 이야기하고 있을까요?   답 (   )

그 안에 게임을 만들 때 필요한 재료들을 모아 놓았대.

맞아. 게임을 구동시키는 데 필요한 핵심 요소들을 담은 소프트웨어지.

① 게임 서버   ② 게임 캐릭터   ③ 게임 머니   ④ 게임 엔진

6번 아라와 누리가 가상 현실 게임을 하고 있어요. 아라와 누리는 무엇을 통해 게임 영상을 보고 있을까요?   답 (   )

야! 저리 비켜!

으악! 괴물이다!

① HMD   ② 컨트롤러   ③ 선글라스   ④ 돋보기

도전! 과학 퀴즈

7번 다음 빈칸에 들어갈 단어는 무엇일까요?　　　　　　답 (　　　)

☐은 처음 만들어질 당시 커피를 마시며 이메일을 확인할 수 있는 장소였습니다.

① PC방
② 오락실
③ 노래방
④ 만화방

8번 다음 대화를 보고 빈칸에 들어갈 말을 고르세요.　　　　답 (　　　)

천방지축 아라

누리야, 게임하자.

뭔 게임?

아라 님이 누리 님을 ☐에 초대하였습니다.

이거 소셜 네트워크 게임이야. 같이하자!

① SNS
② SNG
③ QA
④ GM

이 게임은 SNS와 연동된 것이 특징이에요.

9번 아라와 누리가 각 게임별 특징이 적힌 공을 분류하였습니다. 주머니에 담긴 공을 잘 살펴보고, 어떤 게임의 특징을 모은 것인지 각 주머니의 꼬리표에 알맞은 단어를 써 보세요.

주머니 1 (가상 현실 게임): HMD, 전방위 트레드밀, 컨트롤러

주머니 2 (㉠ _____): 오락실, 조이스틱, 컴퓨터 스페이스

주머니 3 (㉡ _____): CD, 폭스 레인저, 컴퓨터

주머니 4 (㉢ _____): 인터넷, 휴대폰, 3D

도전! 과학 퀴즈

10번 다음 미로를 빠져나갈 때 두 번째로 만나는 게임과 관련이 없는 것은 무엇일까요?   답(   )

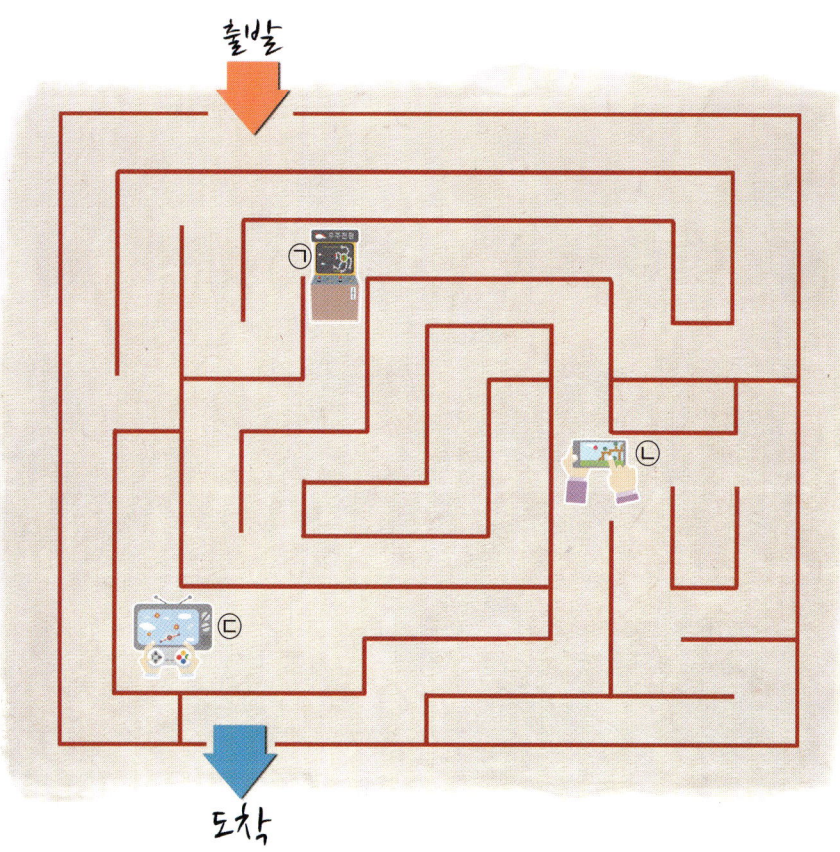

힌트

㉠ 아케이드 게임은 게임 진행이 단순한 편이고, 주로 오락실에서 볼 수 있어요.
㉡ 모바일 게임은 휴대 기기를 통해 즐길 수 있어요.
㉢ 콘솔 게임은 비디오 게임이라고도 해요.

① AR 게임　　　　　② SNG
③ 휴대폰　　　　　　④ 롬 카트리지

11번 다음 인터넷 신문 기사를 보고 빈칸에 들어갈 알맞은 말을 고르세요.　　　　　답(　　　)

세계 최초의 컴퓨터 게임에 대한 논란!

세계 최초의 컴퓨터 게임은 [　　　]로 알려져 있습니다. 그러나 〈테니스 포 투〉 등 [　　　]보다 먼저 개발된 게임들의 존재가 알려지면서 최초의 컴퓨터 게임을 무엇으로 보아야 하는지 논란이 끊이지 않고 있습니다.

하지만 [　　　]은(는) 이전 게임들과 달리, 이미 만들어진 컴퓨터 속에 게임 프로그램을 넣은 최초의 게임이었습니다. 그래서 PDP-1이라는 컴퓨터만 있으면 언제 어디서나 게임이 가능했지요. 또 후세에 끼친 영향으로만 봐도 [　　　]을(를) 최초의 게임으로 보는 것이 맞다고 합니다.

① 컴퓨터스페이스　　② 스페이스워
③ 동키콩　　　　　　④ 퐁

12번 다음은 현실과 가상 현실, 증강 현실의 차이에 대한 설명입니다. 빈칸에 들어갈 말은 무엇일까요?　　답(㉠　　　　㉡　　　　)

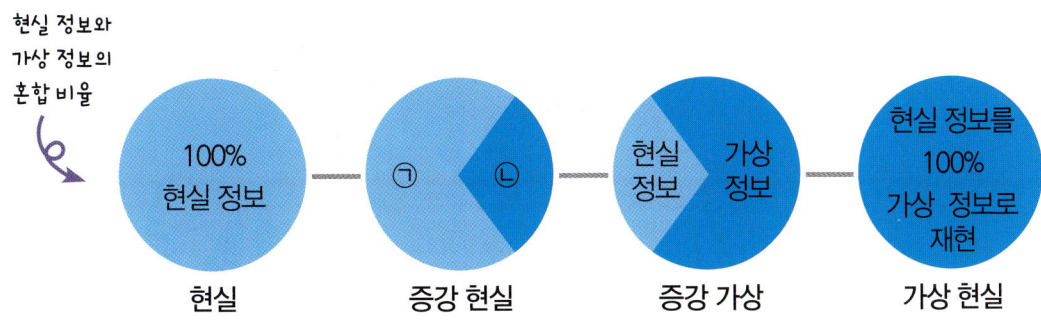

도전! 과학 퀴즈

13번 수업 시간 중에 교육용 게임을 주제로 토의하고 있습니다. 대화 중 주제와 관련 있는 말을 하는 친구는 누구일까요? 답 (   )

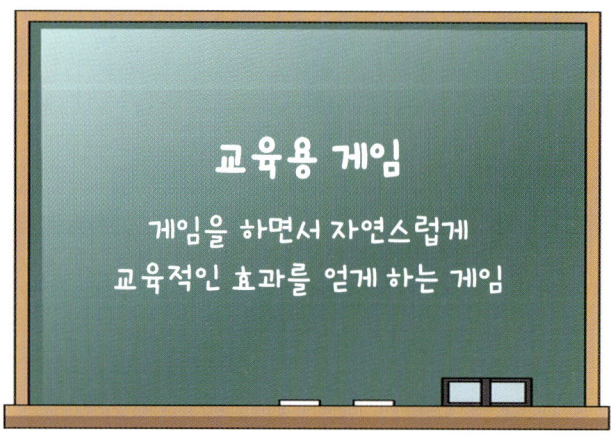

① 용훈　　② 준호　　③ 지수　　④ 은서

14번 다음은 게임과 관련된 문제입니다. 아라가 다음과 같이 답을 표기했을 때 얻을 수 있는 점수는 몇 점일까요?   답 (   )

OX 문제	배점	아라의 답
게임 엔진은 사고팔 수 없다.	10	X
게임 서버는 온라인 게임에 필요 없다.	20	O
모바일 게임의 황금기는 1980년대이다.	30	O

① 10점   ② 20점   ③ 30점   ④ 40점

15번 다음은 증강 현실의 원리와 관련이 있는 내용입니다. 빈칸 ㉠에 들어갈 말은 무엇일까요?   답 (   )

모바일 센서를 통해 위치 정보를 획득한다.

㉠

모바일 화면에 부가 정보를 구현한다.

① 시스템 서버에서 부가 정보를 선별한다.
② GPS 수리를 받는다.
③ HMD를 착용한다.
④ 게임 기획서를 작성한다.

도전! 과학 퀴즈

16번 다음은 가상 현실과 관련된 기기들을 광고하고 있는 누리의 포스터예요. 누리가 서 있는 장치의 이름은 무엇일까요?   답 (   )

① HMD
② 리모컨형 컨트롤러
③ VR 트레드밀
④ 슈팅형 컨트롤러

17번 다음은 게임 기획서 양식이에요. 어떤 게임을 만들지 생각해 보고 아래 양식에 맞추어 작성해 보세요.

〈게임 기획서〉

• 게임 제목 :

• 게임 내용 :

• 주요 캐릭터 :

〈작성 예시〉

〈게임 기획서〉

• 게임 제목 : LIVE 한국사 학습 게임

• 게임 내용 : 아라와 누리는 경복궁에 견학을 갔다가 역사의식이 담긴 보주를 깨뜨리는 바람에 과거로 역사 여행을 떠난다.

• 주요 캐릭터
1. 아라 : 용감하고 단순한 성격의 여장부로, 불의와 먹을 것을 보면 참지 못한다.
2. 누리 : 평소 역사에 관심이 많아 단짝 누리와 함께 경복궁으로 견학을 갔다가 덜렁대는 아라 덕분에 역사 여행을 하게 된다.
3. 깨비 : 아라와 누리를 돕는 도우미 캐릭터이다.

도전! 과학 퀴즈 정답과 해설

1번

	①게				
②게	임	서	버		
	엔				
	진		③N	④P	C
				C	
⑤온	라	인		방	

2번

①모				②증	
바				강	
일		③가	상	현	실
				실	
					④콘
⑤아	케	이	드		솔

3번

4번 답 ①

조이스틱은 사용자가 캐릭터를 상하좌우로 움직일 수 있게 하는 게임 기기이다.

5번 답 ④

게임 엔진은 게임을 구동시키는 데 필요한 핵심 요소들을 담은 소프트웨어이다.

6번 답 ①

HMD는 안경처럼 머리에 쓰고 대형 영상을 즐길 수 있는 장치이다. 대부분의 가상 현실 게임에서 HMD를 통해 영상을 볼 수 있다.

7번 답 ①

1990년대에 처음 등장한 PC방은 만들어질 당시 커피를 마시며 이메일을 확인할 수 있는 카페 형태의 장소였다.

8번 답 ②

아라가 이야기한 것은 소셜 네트워크 게임(Social Network Game)이다. 이를 줄여 'SNG'라고 한다. SNG는 게임에 SNS의 장점을 더하여 친구들과 친목을 도모할 수 있게 만든 게임이다.

도전! 과학 퀴즈 정답과 해설

9번 답 ㉠ 아케이드 게임　㉡ PC 게임　㉢ 모바일 게임

10번 답 ④

미로를 빠져나갈 때 두 번째로 만나는 게임은 모바일 게임이다. ④ 롬 카트리지는 비디오 게임과 관련이 있다.

11번 답 ②

최초의 게임은 〈스페이스워〉로 알려져 있다. 〈컴퓨터스페이스〉는 〈스페이스워〉를 바탕으로 만든 아케이드 게임이다.

12번 답 ㉠ 현실 정보 ㉡ 가상 정보

13번 답 ④

교육용 게임과 관련 있는 말을 하고 있는 학생은 은서이다.

14번 답 ①

게임 엔진은 사고팔 수 있으며, 게임 서버는 온라인 게임에 꼭 필요하다. 모바일 게임의 황금기는 2000년대 이후이다.

15번 답 ①

모바일 센서를 통해 위치 정보를 획득한 후에는 시스템 서버에서 부가 정보를 선별한다.

16번 답 ③

누리가 서 있는 장치의 이름은 'VR 트레드밀'이다. VR 트레드밀은 제한된 범위에서 움직일 수밖에 없는 아쉬움을 해결하기 위해 개발된 VR 기기이다.

17번

답 (예시)
- 게임 제목 : LIVE 과학 학습 게임
- 게임 내용 : 어느 날, 지구의 문명을 복제한 별 '빅토피아'의 데이터가 사라졌다. 빅토피아의 데이터를 복구하기 위해 인공 지능 로봇인 아라와 누리가 지구로 출발한다.
- 주요 캐릭터
 1. 아라 : 빅토피아에서 개발한 인공 지능 여자 로봇으로, 머리보다 주먹이 앞서는 성격이다.
 2. 누리 : 빅토피아에서 개발한 인공 지능 남자 로봇으로, 똑똑하고 신중한 성격이다.
 3. 미니 빅터 : 아라와 누리와 함께 하는 도우미 캐릭터이다.

자료 제공

사진 출처 **48** 테니스 포 투·위키피디아, 브룩헤븐 국립 연구소·위키피디아 **49** 전자 오락실·연합뉴스, 1980년대의 컴퓨터·셔터스톡, 그래픽 카드·셔터스톡 **82** 존 카멕·연합뉴스, 1인칭 슈팅 게임 화면·셔터스톡 **83** 소스 코드·위키피디아 **123** 북유럽 신화·위키피디아 **152** 저작권 표시 로고·위키피디아 **182** 코스튬 플레이·연합뉴스 **183** 팜빌·윤익이미지, e-스포츠·연합뉴스 **186** 조이스틱·셔터스톡

이 책에 사용한 모든 자료의 출처를 밝히기 위해 노력하였습니다. 누락되거나 잘못된 점이 발견되면 바로잡겠습니다.

인물을 파악하면 역사가 보인다!
LIVE 한국사

2016 소년조선일보 올해의어린이책 대상

- 증강 현실 역사카드 포함
- 세트 구매 시 대형 연표, 문제집 증정

초등 전 학년 | 200쪽 | 양장

LIVE 한국사 하나면 한국사능력검정시험 준비 끝!

LIVE 한국사 시리즈 (전 20권)

- 1권 선사 시대와 고조선
- 2권 고구려의 성장과 쇠퇴
- 3권 백제의 찬란한 문화
- 4권 신라의 발전
- 5권 통일신라와 발해
- 6권 고려의 건국
- 7권 무신 정권과 천민의 난
- 8권 고려의 쇠퇴
- 9권 조선의 건국과 발전
- 10권 훈구와 사림의 대립
- 11권 임진왜란 전후의 상황
- 12권 병자호란과 북벌
- 13권 실학과 서민 문화
- 14권 빗장을 연 조선과 계몽사상
- 15권 개화기와 독립 협회
- 16권 독립운동과 계몽사상
- 17권 무장 독립운동
- 18권 광복과 대한민국 임시 정부
- 19권 6.25와 경제 개발 계획
- 20권 대한민국의 발전